Ihr Hobby

Heimische Aquarienfische

Dr. Andreas Vilcinskas

INHALTSVERZEICHNIS

E-mail: bede-Verlag@t-online.de; Internet: http://www.bede-verlag.de
Konzept der Reihe „Ihr Hobby...", Herstellung und Gestaltung: bede-Verlag
Fachliche Durchsicht: Dr. Jürgen Schmidt, Ruhmannsfelden

Bildnachweis: Dr. Andreas Vilcinskas, Berlin, sofern nicht anders vermerkt.

ISBN: 3-933 646-50-2
bede-Bestellnummer: HO 391

Einleitung

Der Titel „Heimische Aquarienfische" bedarf einiger einführender Erläuterungen. Das vorliegende Buch widmet sich der Pflege und Zucht von Fischarten, die in mitteleuropäischen Binnengewässern vorkommen. Die Fischfauna Mitteleuropas umfaßt circa 70 autochthone, das heißt ursprünglich dort vorkommende Süßwasserfischarten. Südlich der Alpen ist die Artenvielfalt deutlich höher. In Europa sind etwa 200 Süßwasserfischarten beheimatet, wobei bei den Vertretern einzelner Fischfamilien umstritten ist, ob es sich tatsächlich um Arten, Unterarten oder lokal isolierte Populationen handelt. Eine allgemein anerkannte systematische Benennung der Europäischen Süßwasserfischarten ist nicht etabliert.

Neben den ursprünglich in Mitteleuropa vorkommenden Fischarten leben in heimischen Binnengewässern auch verschiedene, durch den Menschen eingebürgerte oder ausgesetzte Süßwasserfischarten. So bilden beispielsweise neben dem aus Asien stammenden Goldfisch auch die ursprünglich in Nordamerika beheimateten Sonnenbarsche und Zwergwelse sich natürlich vermehrende Bestände in mitteleuropäischen Gewässern. Innerhalb der heimischen Fischfauna läßt sich nicht präzis abgrenzen, welche Arten als Aquarienfische aufgefaßt werden können und welche nicht. Prinzipiell lassen sich fast alle Süßwasserfischarten mit mehr oder minder großem technischen Aufwand in Aquarien pflegen und gegebenenfalls vermehren. Das vorliegende Ihr-Hobby-Buch ist hauptsächlich heimischen Süßwasserfischarten gewidmet, die aufgrund ihrer geringen Körpergröße, ihrer attraktiven Färbung, ihres interessanten Verhaltens sowie ihrer Anpassungsfähigkeit im Hinblick auf die Wasserqualität als Aquarienfische geeignet erscheinen. Da diese von Wissenschaftlern verschiedenen Fischfamilien zugeordnet werden, beschreibt der Titel „Heimische Aquarienfische" keine in der zoologischen Systematik definierte Fischgruppe, sondern dient vielmehr als Sammelbegriff für die in diesem Band beschriebenen Fischarten.

In der einschlägigen Literatur werden heimische Fische gelegentlich auch unter dem Begriff „Kaltwasserfische" zusammengefaßt. Diese Bezeichnung suggeriert jedoch, daß alle Fischarten, die in europäischen Gewässern vorkommen, eine Präferenz für niedrige Wassertemperaturen haben. Die Wassertemperaturen in heimischen Binnengewässern schwanken jahreszeitlich bedingt in stärkerem Umfang als in den Tropen.

Obwohl die einheimischen Fische an die Überwinterung in kaltem Wasser angepaßt sind, tolerieren die meisten sowohl in der Natur als auch in Aquarien langfristig Zimmertemperaturen. Der Begriff Kaltwasserfisch ist in der Aquaristik für solche Arten gebräuchlich, für deren Pflege und Zucht keine Heizung des Wassers über die üblichen Zimmertemperaturen hinaus erforderlich ist. Im fischökologischen Sinn sind Kaltwasserfische dagegen solche, die eine ausgeprägte Präferenz für kühles Wasser haben (kaltstenotherme Fische) wie etwa Groppe, Quappe oder Bachforelle. Da für diese Fische Zimmertemperaturen nicht optimal sind, setzt deren artgerechte Pflege entweder die Aufstellung der Aquarien in kühlen Räumen oder eine technisch aufwendige Kühlung des Aquarienwassers voraus. Ist das gekühlte Aquarienwasser kälter als die Umgebung, beschlagen die Scheiben des Aquariums. Die meisten einheimischen, kaltstenothermen Fische reagieren empfindlich auf niedrige Sauerstoffkonzentrationen im Wasser und bevorzugen strömendes Wasser. Aufgrund des technischen Aufwands, der getrieben werden muß, um diesen Fische erfolgreich pflegen und züchten zu können, sind ausgesprochene Kaltwasserfische im Hinblick auf ihre Ansprüche nur bedingt als Aquarienfische geeignet. Der überwiegende Anteil der in diesem Buch beschriebenen Fischarten läßt sich dagegen ohne Kühlung oder Heizung des Aquarienwassers erfolgreich pflegen und vermehren. Das Anpassungsvermögen der meisten heimischen Fischarten im Hinblick auf die Wasserqualität begünstigt ihre Pflege in Aquarien bei Zimmertemperaturen. Innerhalb der heimischen Süßwasserfische bilden die als Cypriniden bezeichneten Karpfenfische die artenreichste Familie. Die meisten Vertreter dieser Fischfamilie können nicht nur langfristig bei Zimmertemperaturen gepflegt werden, sie vertragen auch höhere Temperaturen, die kurzfristig in den Sommermonaten auftreten können.

Im speziellen Teil werden auch Fischarten beschrieben, die regelmäßig im Kaltwassersortiment von Zoofachgeschäften angeboten werden, von deren Pflege in Zimmeraquarien jedoch abgeraten wird, weil sie entweder zu groß werden können oder nicht zu den einheimischen Fischarten gehören.

Viele der Fischarten, die wir in unseren Gartenteichen pflegen, sind auch für Auarien mit heimischen Fischen geeignet. Da in der geringeren Wassermenge im Aquarium aber leichter Sauerstoffmangel und unkontrollierte Temperaturerhöhungen auftreten können, müssen die Fische im Aquarium noch besser als im Teich beobachtet und versorgt werden. Der beste Zeitpunkt zum Umsetzen der Fische vom Gartenteich ins Aquarium oder umgekehrt sind die Tage, an welchen die Wassertemperaturen weitgehend angeglichen sind. Foto: M.-P. & C. Piednoir

*Ein Hecht im Teich.
Foto: M.-P. & C. Piednoir*

Die Aufnahme von geschützten einheimischen Fischarten, die nicht oder selten als Nachzuchten im einschlägigen Handel angeboten werden, ist selbstverständlich nicht als Aufforderung zur illegalen Beschaffung zu sehen. Der vorliegende Band vermittelt vielmehr einen repräsentativen Überblick über die einheimische Süßwasserfischfauna und will mit den beschriebenen, bedrohten Fischarten bei Aquarianern für mehr Engagement beim Fischarten- und Gewässerschutz werben.

Anmerkungen zum Schutz einheimischer Fischarten

Der überwiegende Anteil der in diesem Buch beschriebenen heimischen Aquarienfische ist in den aktuellen Roten Listen, die für die Bundesländer und Deutschland erstellt werden, in einer der Gefährdungskategorien aufgeführt. Darüberhinaus sind viele nach internationalen Richtlinien geschützt. Deshalb und aufgrund der geltenden Fischereigesetzgebung ist die Entnahme dieser Fische aus heimischen Gewässern verboten.

Achtung: **Aquarianer dürfen ohne eine entsprechende Genehmigung keine geschützten Fischarten in heimischen Gewässern fangen, um sie in Aquarien zu pflegen.**

Die Beschaffung heimischer Aquarienfische muß über den einschlägigen Handel, über Zuchtanstalten oder über Anglervereine erfolgen. Ein großer Teil der beschriebenen Fischarten wird als Besatz für Gartenteiche oder Aquarien im Zoofachhandel angeboten. Diese Fische stammen meist aus Zuchtteichen.

Die Pflege von einheimischen Fischen in Aquarien und Gartenteichen führte jedoch zu einem Problem, das an dieser Stelle angesprochen werden muß. Nicht für alle Aquarianer ist beispielsweise bei der Auflösung ihres Aquariums das einfache Aussetzten von Fischen in natürliche Gewässer tabu. So wurden bei einer landesweiten Erfassung der Fischfauna in über 150 Berliner Gewässern zahlreiche ausgesetzte, nicht einheimische Fischarten nachgewiesen. Wer sich verantwortungsbewußt mit der Pflege einheimischer Fische befaßt, der entledigt sich seiner Pfleglinge nicht, indem er sie – womöglich im Irrglauben etwas Gutes zu tun – einfach in heimische Gewässer aussetzt. Zum einen ist nicht gewährleistet, daß über lange Zeiträume hinweg unter Aquarienbedingungen gehaltene Fische in freier Natur überleben, zum anderen können über ausgesetzte Fische Krankheiten und Parasiten verbreitet werden. Unter dem ökologischen Aspekt birgt das Aussetzen von nicht einheimischen Aquarienfischen zudem die Gefahr, daß sich diese unkontrolliert vermehren und deshalb unter geeigneten Bedingungen einheimische Fischarten verdrängen können. Beispielsweise vermehren sich ursprünglich aus Nordamerika stammende Sonnenbarsche und Zwergwelse in vielen Binnengewässern und können sich als Laich- und Bruträuber oder Nahrungskonkurrenten negativ auf die Bestände einheimischer Fischarten auswirken.

Hinweis: **Das Aussetzen von einheimischen Fischarten muß unterbleiben, wenn diese nicht in das Gewässer, aus dem sie entnommen wurden, zurückgesetzt werden können.**

Der unkontrollierte Besatz von Gewässern mit einheimischen Fischen unbekannter Herkunft kann die verwandtschaftliche Identität der ursprünglich dort vorkommenden Populationen verändern. Viele Fischarten bilden in Anpassung an lokale Bedingungen in den jeweiligen Gewässern Merkmale aus, die für einzelne Populationen typisch sind und durch ausgesetzte Aquarienfische verändert werden können. Überzählige oder für die Pflege im Aquarium zu groß gewordene Fische, die nicht an andere Aquarianer oder Gartenteichbesitzer abgegeben werden können, müssen deshalb leider im Zweifelsfall schmerzlos getötet werden.

Voraussetzungen für die Pflege einheimischer Aquarienfische

Diese Forellenlarven wurde kurz nach dem Schlupf fotografiert, das ist am noch großen Dottersack der Larven erkennbar. Foto: M.-P. & C. Piednoir

Die Beschaffung einheimischer Aquarienfische

Unabhängig davon, ob man sich als Profi oder Einsteiger mit der Pflege einheimischer Aquarienfische beschäftigt, wird man mit der Frage nach ihrer Beschaffung konfrontiert. Wie bereits erwähnt, ist der Fang von einheimischen Fischen durch die Artenschutzverordnungen und durch Fischereigesetzgebung in den einzelnen Ländern geregelt. Die Erlaubnis zum Fang von Fischen ist deshalb meist Anglern und Fischern vorbehalten. Wer nicht über eine Genehmigung für den Fang von Fischen in einheimischen Gewässern und die dafür benötigten Geräte verfügt, ist beim Bezug von Aquarienfischen auf den einschlägigen Handel angewiesen. Im „Kaltwassersortiment" von Zoofachgeschäften werden häufig nicht einheimische Aquarienfische wie Goldfische, Sonnenbarsche und Zwergwelse angeboten. Deshalb sollte man sich beim Einkauf darüber vergewissern, daß tatsächlich Fische, die in einheimischen Gewässern vorkommen, für die Pflege erworben werden. Im Zoofachhandel ist das Angebot an einheimischen Fischarten im Vergleich zu tropischen Fischarten meist klein. In Aquarien oder Zuchtteichen vermehrte oder mit Genehmigung gefangene, einheimische Fische werden häufig auch vom Fachhandel für Gartenteiche angeboten. Darüberhinaus können einheimische Süßwasserfische auch über Zuchtanstalten

bezogen werden, die sich auf den Vertrieb von Besatzfischen für Angelgewässer spezialisiert haben. Als hilfreiche Anlaufstelle für den Bezug von einheimischen Aquarienfischen werden deshalb auch örtliche Aquarien- oder Angelvereine empfohlen.

Aquarien für einheimische Fische

Viele einheimische Fischarten sind an das Überleben in bestimmten Gewässertypen angepaßt. Im Hinblick auf die Bindung an strömendes Wasser wird auch zwischen Fischen unterschieden, die entweder Stillgewässer bevorzugen (limnophile) oder an fließende Gewässer gebunden sind (rheophile). Weiterhin sind bestimmte Fischarten auf das Vorkommen von Wasserpflanzen angewiesen, welche diesen als Nahrung, Laichsubstrat oder Aufwuchshabitat dienen. Um ein geeignetes Aquarium für die Pflege von einheimischen Fische auswählen und einrichten zu können, sind deshalb Kenntnisse über deren Lebensweise und deren natürliche Vorkommen in heimischen Gewässern unabdingbar. Ausgeprägte Ansprüche oder Anpassungen an den Biotop können die Eignung einer Fischart für die Pflege in Aquarien stark einschränken, da deren artgerechte Pflege einen erheblichen technischen Aufwand bedingt. So müssen beispielsweise Fische, die strömendes Wasser bevorzugen, in Aquarien gepflegt werden, in denen eine starke Pumpe für die notwendige Wasserumwälzung sorgt.
Ein weiterer Aspekt, der bei den Planungen für die Pflege von einheimischen Fischen nicht unberücksichtigt bleiben darf, ist die Größe, die einzelne Arten erreichen können. Fische wachsen nicht nur bis zum Eintritt der Geschlechtsreife, sondern bis zum Tod. Im Handel werden meist Jungfische angeboten, die bei artgerechter Pflege im Aquarium heranwachsen und für dieses zu groß werden können.

Hinweis: **Das Fassungsvermögen des Aquariums ist der Anzahl und dem Wachstum der darin gehaltenen Fische anzupassen. Kleinere Zimmeraquarien eignen sich nur für entsprechend kleinwüchsige heimische Fischarten wie Moderlieschen, Bitterling und Stichlinge.**
Als Faustregeln für die Berechnung des Fassungsvermögens der Aquarien sollte pro Zentimeter Fischlänge ein Volumen von zwei bis drei Litern nicht unterschritten werden. Dabei ist zu berücksichtigen, daß ein Teil des Volumens vom Bodengrund und von der Dekoration eingenommen wird. So können in einem Aquarium mit einem Fassungsvermögen von hundert Litern sechs Stichlinge mit einer Länge von bis fünf Zentimeter gehalten werden (6 x 5 cm x 3 l = 90 l + 10 l für den Bodengrund).

Der Standort des Aquariums ist so zu wählen, daß es vor direktem Lichteinfall geschützt ist. Insbesondere im Hochsommer kann beispielsweise an einem nach Süden geöffneten Fenster die direkte Sonneneinstrahlung das Aquarienwasser weit über die sonst üblichen Zimmertemperaturen hinaus erwärmen. Das durch das Fenster eindringende Licht reicht jedoch meist nicht aus, um das Wachstum von Wasserpflanzen mit hohem Lichtbedarf zu ermöglichen. Deshalb empfiehlt sich bei der Pflege von heimischen Fischen eine künstliche Beleuchtung der Aquarien mit den üblicherweise in der Aquaristik verwendeten Leuchstoffröhren.

Die Barteln des Karpfens, Cyprinus carpio, dienen sowohl dem Tast- als auch dem Geschmackssinn. Mit ihrer Hilfe tasten und schmecken Karpfenfische im Grund verborgene Nahrungsorganismen.
Über dem Maul, zwischen den Augen sind die Nasenöffnungen erkennbar. Die meisten Süßwasserfische besitzen jeweils zwei paarige Nasengruben, die ein gerichtetes Riechen ermöglichen.
Foto: M.-P. & C. Piednoir

Aquarientechnik

Wie bereits erwähnt, kann bei der Pflege von einheimischen Aquarienfischen auf eine Heizung verzichtet werden, da das Aquarienwasser nicht über Zimmertemperaturen hinaus erwärmt muß. Zur obligaten Ausstattung gehört jedoch ein Aquarienthermometer für die regelmäßige Kontrolle der Wassertemperatur. Um eine Erwärmung des Wassers durch die Aquarienbeleuchtung zu vermeiden, sollte diese mit einem ausreichenden Abstand von der Wasseroberfläche angebracht und das Aquarium mit einer Glasabdeckung versehen werden. Aufgrund der geringeren Wärmeentwicklung sind Leuchtstoffröhren in der Aquaristik im Vergleich zu anderen Lampentypen weiter verbreitet. Weiterhin sind im Handel Leuchtstoffröhren erhältlich, deren Licht sich aus unterschiedlichen Farbanteilen zusammensetzt. Diese können entsprechend den Bedürfnissen der jeweils im Aquarium gepflegten Wasserpflanzen miteinander kombiniert werden. Bei der Auswahl der Aquarienbeleuchtung und der verwendeten Leuchtstoffröhren sollten sich Einsteiger von erfahrenen Aquarianern oder vom Fachpersonal des Aquarienhandels beraten lassen.

Zur Filterung und Wasserumwälzung des Wassers in einem Aquarium mit einheimischen Fischen können die üblicherweise in der Aquaristik verwendeten Innen- und Außenfilter eingesetzt werden. Viele einheimische Fischarten reagieren empfindlich auf geringe Sauerstoffkonzentrationen im Wasser. Je wärme Wasser ist, desto weniger Sauerstoff kann sich darin lösen. Deshalb reagieren Fische besonders empfindlich auf sauerstoffzehrende Zersetzungsprozesse im Wasser, wenn dessen Temperatur im oberen Toleranzbereich liegt. In Aquarien, die in beheizten Zimmern stehen, ist die Wassertemperatur durchschnittlich höher als in heimischen Gewässern. Besonders im Hochsommer können sich Zimmeraquarien stark erwärmen. Damit auch bei erhöhten Temperaturen sauerstoffzehrende Prozesse im Wasser minimiert werden, ist eine funktionierende und leistungsfähige Filteranlage erforderlich. Desweiteren läßt sich der Sauerstoffeintrag in das Wasser über einen Luftausströmer erhöhen, durch den über eine Membranpumpe Luft gepumpt wird. Die aufsteigenden Luftblasen bewegen die Wasseroberfläche, begünstigen so den Gasaustausch zwischen dem Aquarienwasser und der Luft und erzeugen im Aquarium eine Strömung, welche die Umwälzung des Wassers erhöht.

Was das Filtermaterial betrifft, stellen heimische Aquarienfische keine besonderen Ansprüche. Da sie im Hinblick auf die Härte und den pH-Wert des Wassers keine ausgeprägten Präferenzen haben, kann chlorfreies Leitungswasser für den regelmäßigen Teilwasserwechsel verwendet werden. Je nach Besatz des Aquariums sollte alle ein bis drei Monate ein Viertel des Volumens mit Frischwasser ausgetauscht werden.

Bepflanzung

Der kulturelle Aspekt in der Aquaristik beinhaltet auch die Pflege von Fischen in sogenannten Biotopaquarien, in denen das Dekorationsmaterial, der Bodengrund und die Bepflanzung den natürlichen Verhältnissen in den von diesen besiedelten Gewässern nachempfunden sind. Ziel ist es dabei, ein Gewässer oder die Uferregion eines Gewässer möglichst weitgehend im Aquarium nachzubilden. Verschiedene heimische Fischarten eignen sich für die Pflege in Biotopaquarien und können problemlos miteinander vergesellschaftet werden. So lassen sich beispielsweise die Verhältnisse in einem natürlichen Tümpel nachahmen, in dem in einem dicht mit einheimischen Wasserpflanzen dekorierten Aquarium Moderlieschen, Karauschen und Schlammpeitzger gepflegt werden.

Hinweis: **Verschiedene Wasserpflanzen sind gesetzlich geschützt und dürfen nicht ohne Genehmigung einheimischen Gewässern entnommen werden!**

Die heimische Flora umfaßt auch Wasserpflanzen, welche für die Pflege in Aquarien geeignet sind. In Fachgeschäften für Aquarien und Teichanlagen werden gewöhnlich auch Wasserpflanzen angeboten, welche in nicht beheizten Aquarien kultiviert werden können. Viele einheimische Wasserpflanzen sind jedoch nicht wintergrün und gedeihen auch im Aquarium nur begrenzte Zeit. Wer jedoch keinen Wert auf die Pflege von heimischen Wasserpflanzen legt, kann auch auf typische Aquarienpflanzen zurückgreifen, die nicht in europäischen Gewässern beheimatet sind und langfristig bei Zimmertemperaturen gedeihen wie die Kanadische Wasserpest.

Um die Bepflanzung des Aquariums auf die jeweils darin gepflegten Fische abstimmen zu können, wird ein eingehendes Studium der einschlägigen Literatur und die Beratung durch erfahrene Aquarianer empfohlen. Wasserpflanzen stellen unterschiedliche Ansprüche an die Lichtverhältnisse, den Bodengrund sowie an die Filterung und das Fassungsvermögen des Aquariums. Bei der Auswahl der Wasserpflanzen sind deren Bedürfnisse ebenso zu berücksichtigen, wie bei den im Aquarien gepflegten Fischen.

Dabei darf man nicht dem Irrtum verfallen, daß einheimische Fische einfacher als tropische zu halten und deshalb besonders gut für Einsteiger geeignet seien. Um erfolgreich ein funktionierendes Aquarium mit einheimischen Fischen und Pflanzen betreiben zu können, sollten sowohl Einsteiger als auch erfahrene Aquarianer bereits vor der Beschaffung des Aquariums und der Aquarientechnik die ihn interessierenden Arten auswählen und diese im Hinblick auf ihre Verfügbarkeit und ihre Eignung zur Pflege in Aquarien prüfen. Dabei ist zunächst zu klären, welche einheimischen Fische und Pflanzen vom Aquarianer legal erworben und miteinander vergesellschaftet werden können. Danach läßt sich die Größe des Aquariums, die Beleuchtung, die Dekoration und die Filtertechnik an die Bedürfnisse der ausgewählten Pfleglinge anpassen. Das vorliegende Buch soll dabei als nützlicher Ratgeber dienen. In den Begleittexten zu den beschriebenen Fischarten finden sich sowohl Informationen über deren ökologische Ansprüche als auch Hinweise für deren Pflege und Zucht in Aquarien.

Überwinterung

Die in den heimischen Gewässern lebende Fischfauna ist an die starken, durch die Jahreszeiten bedingten Schwankungen der Wassertemperaturen angepaßt. Die meisten heimischen Süßwasserfischarten überdauern den Winter in einer mehrmonatigen Ruhephase, in der sie die Nahrungsaufnahme einstellen und den Stoffwechsel auf „Sparflamme" herunterfah-

Porträt eines Hechts, Esox lucius.

ren. Die Fische überwintern in tiefen, eisfreien Einständen, auf dem Grund liegend oder in diesen eingegraben. Diesem natürlichen Lebensrhythmus entsprechend, fördert es die Vitalität und die Fortpflanzungsbereitschaft von heimischen Aquarienfischen, wenn sie in einem abgedunkelten Aquarium überwintern können, daß sich an einem ruhigen, kühlen Ort befindet (z. B. im Keller oder auf dem Balkon). Das „Überwinterungsaquarium" ist mit einem regulierbaren Heizer mit Thermostat zu versehen, um zu verhindern, daß die Wassertemperatur unter 4 °C sinken kann und das Wasser gefriert. Zur Wärmeisolation und Abdeckung eignen sich Schaumstoff- oder Styroporplatten. Ein Ausströmer, der den Gasaustausch zwischen dem Aquarienwasser und der Luft fördert, sorgt gleichzeitig für die Umwälzung des Wasser. In dieser drei bis vier Monate dauernden Ruhephase müssen die Fische nicht gefüttert werden. Bei wühlenden Fischarten empfiehlt eine mindestens zehn Zentimeter hohe Sandschicht als Aquariengrund, in den sich die Fische eingraben können. Obwohl fast alle heimischen Fischarten auch ohne Überwinterung langfristig in Zimmeraquarien gepflegt werden können, empfiehlt sich das Einhalten einer mehrmonatigen Ruhephase bei abgesenkten Temperaturen, besonders wenn die Nachzucht der Fische angestrebt wird. In der Natur wird die Produktion von Hormonen, welche bei vielen Fischarten die Fortpflanzungsbereitschaft regulieren, durch die im Frühjahr steigenden Wassertemperaturen ausgelöst. Bei den meisten heimischen Fischarten liegt die Laichzeit in den Frühjahrs- und Sommermonaten. Bei Aquarienfischen, denen die Überwinterung in einer Ruhephase ermöglicht wurde, stellt sich die Fortpflanzungsbereitschaft oft schneller als in der Natur ein, wenn sie danach in ein Aquarium mit Zimmertemperatur überführt werden. Dabei ist darauf zu achten, daß die Fische langsam an die höhere Wassertemperatur gewöhnt werden. Da die überwinternden Fische von ihren Reserven zehrten und die erhöhte Wassertemperatur den Stoffwechsel aktiviert, entwickeln die Pfleglinge nach dem Umsetzen in der Regel einen gesunden Appetit.

Ernährung heimischer Aquarienfische

Grundsätzlich sollten Fische in Aquarien möglichst oft und jeweils mit kleinen Futtermengen ernährt werden. Die Portionen

Wildkarpfen und Koi können sehr zutraulich werden, was eine Gesundheitskontrolle sehr erleichtert. Foto: M.-P. & C. Piednoir

sollten nur so groß sein, daß sie von den Fischen in kurzer Zeit aufgenommen werden können, um die Ansammlung von sich zersetzenden Resten zu vermeiden. Die meisten heimischen Fischarten ernähren sich von wirbellosen Kleintieren im Plankton oder auf dem Gewässergrund und sind im Hinblick auf das Nahrungsangebot anpassungsfähig. Im Aquarium lassen sie sich daher meist problemlos an handelsübliches Fischfutter in Form von Flocken, Tabletten oder Granulat gewöhnen. Erwachsene Exemplare räuberisch lebender Fischarten stellen sich dagegen im Aquarium nur selten auf Ersatznahrung um. Bei fischfressenden Arten wie dem Hecht bedeutet dies, daß lebende Fische als Nahrung verfügbar sein müssen. Da das Verfüttern von kleinen Aquarienfischen an große Aquarienfische nicht nur fragwürdig, sondern auch zeit- und kostenaufwendig ist, wird von der Pflege von Fischarten in Zimmeraquarien abgeraten, wenn diese mit lebenden Fischen ernährt werden müssen.

Obwohl Aquarienfische relativ vollwertig mit den im Handel angebotenen Trocken- und Frostfutter ernährt werden können, steht außer Frage, daß deren Vitalität und Fortpflanzungsbereitschaft durch die Fütterung mit lebenden Kleintieren wie Wasserflöhen oder Mückenlarven gefördert wird. Seit ein breites Spektrum an lebendem Fischfutter über den Handel bezogen werden kann, ist es für Aquarianer nicht mehr notwendig, mit einem feinmaschigen Kescher ausgerüstet, in heimischen Gewässern auf der Suche nach Fischfutter zu tümpeln. Bei heimischen Aquarienfischen bietet sich die Ernährung mit den wirbellosen Kleintieren an, die ihnen auch in der Natur als Nahrung dienen. Die früher übliche Beschaffung von lebendem Fischfutter aus heimischen Gewässern hat die Aquarianer nicht nur mit der Vielfalt aquatisch lebender Kleintieren vertraut gemacht, sie hat auch den Kontakt mit der Natur gefördert. Weiterhin ist es interessant, heimische Fischarten bei der Aufnahme ihrer natürlichen Nahrung im Aquarium zu beobachten. Aquarianer, die mit Keschern oder Sieben Wasserflöhe oder Mückenlarven fangen wollen, sollten sich bei der zuständigen Fischerei- und Naturschutzbehörde erkundigen, in welchen Gewässern dies erlaubt ist.

Beim Fang von Fischfutter ist darauf zu achten, daß keine geschützten Tiere wie beispielsweise die Larven von Libellen oder Amphibien entnommen werden. Darüberhinaus ist zu vermeiden, daß Fischparasiten wie der Fischegel, *Pisciola geometra*, mit dem Lebendfutter in das Aquarium gelangen. Mit Hilfe einer Pinzette und einer flachen Schale (z. B. weiße Schalen für die Entwicklung von Fotos) können diese Tiere aussortiert und zurückgesetzt werden. Die Futtertiere sind entsprechend der Größe der Aquarienfische mit Hilfe von Sieben zu sortieren. Dies gilt insbesondere, wenn diese zur Ernährung von Fischbrut oder Jungfischen verwendet werden. Darüberhinaus ist beim Futterfang das Zertrampeln von Uferpflanzen zu vermeiden! Wer den Speiseplan von Aquarienfischen mit Lebendfutter bereichern möchte, kann dieses im Zweifelsfall aus nicht mit Fischen besetzten Gartenteichen oder Regentonnen entnehmen.

Für die Aufzucht von Jungfischen empfiehlt sich die Zucht von entsprechend kleinen Futtertieren. Sowohl Einzeller wie das Pantoffeltierchen als auch die Nauplien von Salinenkrebsen oder Artemien können mit einfachen Kulturen bereitgestellt werden.

Hinweis:
Die wenigsten Aquarianer wissen, daß vielerorts die Entnahme von sogenannten Fischnährtieren aus fischereilich genutzten Gewässern verboten ist!

Ein Portrait einer Bachforelle, Salmo trutta *forma* fario.

Männliche Bachsaiblinge, Salvelinus fontinalis, *sind in der Balzfärbung sehr attraktiv. Leider sind diese Fische kaum für Heimaquarien geeignet. Fotos: M.-P. & C. Piednoir*

Artenteil

Die Forelle, Salmo trutta LINNAEUS, *1758, besiedelt in verschiedenen Unterarten und Ökoformen heimische Gewässer.*

Forellen

Zur Familie der Salmonidae, den Lachsfischen, gehören neben den Lachsen und Forellen auch die Saiblinge. Lachsfische haben eine sogenannte Fettflosse. Diese kleine, nicht durch Knochenstrahlen gestützte Flosse sitzt zwischen der Rücken- und Schwanzflosse. Der Atlantische Lachs, der früher zum Laichen in den Oberlauf heimischer Flüsse wanderte, ist in Deutschland verschollen. Die sichtbaren Erfolge bei der ökologischen Sanierung von Fließgewässern und ehrgeizige Projekte zur Wiederansiedlung des Lachses (Projekt Lachs 2000) lassen darauf hoffen, daß sich seine Bestände in heimischen Flüssen erholen.

Von der heimischen Forelle gibt es drei im Hinblick auf ihre ökologischen Ansprüche unterscheidbare Formen. Die Bachforelle ist der Leitfisch der Forellenregion von Fließgewässern. Die Seeforelle besiedelt tiefe, nährstoffarme Seen mit kühlem Wasser. Die Meerforelle ist wie der Lachs ein anadromer Wanderfisch, der im Meer heranwächst und zum Laichen in den Oberlauf von Flüssen wandert. Neben diesen Ökoformen der Forelle ist die ursprünglich in Nordamerika beheimatete Regenbogenforelle, *Oncorhynchus mykiss*, als beliebter Speise- und Angelfisch durch Besatz in heimischen Gewässer verbreitet. Der Aquarianer kann sie von Zuchtanstalten beziehen. Die Regenbogenforelle ist im Hinblick auf die Pflege in Aquarien robuster als die einheimische Forelle.

Ebenfalls zur Familie der Salmonidae gehören die Saiblinge, bei denen die Stammformen ebenfalls zu den anadromen Wanderfischen gehören. Der einheimische Wandersaibling *Salvelinus alpinus* bildet in verschiedenen Seen stationäre Populationen aus, die als Seesaiblin-

***Links:** Der Bachsaibling, Salvelinus fontinalis, (Mitchill, 1815), stammt ursprünglich aus dem nordöstlichen Nordamerika und wurde als Angelfisch in heimische Gewässer gesetzt.*

ge bezeichnet werden. Neben dem einheimischen Saibling kommt in mitteleuropäischen Gewässern auch der Bachsaibling, *Salvelinus fontinalis*, vor, der ursprünglich in Nordamerika beheimatet ist und durch den Menschen auch in Mitteleuropa eingebürgert wurde. Bei einheimischen Saiblingen sind die Brust- und Bauchflossen weiß gesäumt, beim nordamerikanischen Saibling weiß und schwarz.

Achtung: Die zur Familie der Salmoniden gehörende Arten sind in der Regel typische Kaltwasserfische, die nicht langfristig bei Zimmertemperaturen gehalten werden können.

Die Pflege von Forellen

Unabhängig davon, ob sie in der Natur Fließgewässer oder Seen besiedeln, reagieren sie empfindlich auf niedrige Sauerstoffkonzentrationen im Wasser. Als Aquarienfische sind sie nur eingeschränkt geeignet und eher fortgeschrittenen Aquarianern zu empfehlen. Die Schwimmfreudigkeit dieser Fische bedingt, daß sie in entsprechend großen Aquarien gepflegt werden müssen. Diese sollten an kühlen Orten (z. B. im Keller) aufgestellt oder gekühlt werden. Ein leistungsstarker Filter sollte für eine gute Wasserqualität und eine entsprechend starke Pumpe für eine intensive Wasserumwälzung sorgen. Da sich die Mitglieder aus der Familie der Salmoniden in der Natur räuberisch ernähren, sollte der Speiseplan unbedingt Lebendfutter beinhalten, um das Wohlbefinden der Pfleglin-

***Links gegenüber:** Forellen werden gelegentlich als goldfarbene Zuchtformen angeboten.*

Achtung: Forellen springen gerne. Aus diesem Grund muß das Aquarium dicht mit einer Glasplatte abgedeckt werden.

ge zu fördern. Als Bodengrund eignet sich grober Kies und als Bepflanzung entsprechende Kaltwasserpflanzen wie das Quellmoos, *Fontinalis antipyretica*, oder die Bachbunge, *Veronica beccabunga*. Da erwachsene Forellen und Saiblinge auch kleine Fische jagen, können sie nicht mit typischen Begleitfischen der Forellenregion einheimischer Fließgewässer wie Bachschmerle und Elritze vergesellschaftet werden. Die Nachzucht von Forellen, Lachsen oder Saiblingen ist im Aquarium nicht möglich. Obwohl junge Regenbogenforellen relativ leicht erworben werden können, ist bei ihrer Anschaffung zu beachten, daß sie nicht zur einheimischen Fischfauna gehören relativ rasch heranwachsen und nicht in einheimische Gewässer ausgesetzt werden dürfen.

Äsche

Die Familie der Äschen, Thymallidae, gehört in den Verwandtschaftskreis der Lachsfische, was daran zu erkennen ist, daß die einheimische Äsche, *Thymallus thymallus*, eine Fettflosse besitzt. Die wissenschaftliche Bezeichnung der Äsche gründet auf der Tatsache, daß das Fleisch dieser als Angelobjekt beliebten Fischart nach Thymian riecht. Erwachsene männliche Äschen tragen eine fahnenartig verlängerte, violett gefärbte Rückenflosse. Bei Äschen ist die Pupille eiförmig und spitz nach vorne ausgezogen. Dieses Merkmal zeigen bereits Jungfische, die regelmäßig als Besatz für Angelgewässer angeboten werden.

Äschen sind für die Pflege in Zimmeraquarien nur bedingt geeignet. Aufgrund ihrer Schwimmfreudigkeit beanspruchen selbst kleinere Exemplare Aquarien mit einem Fassungsvermögen von über 300 Litern. Zimmertemperaturen vertragen sie über einen längeren Zeitraum hinweg schlecht. Die optimale Wassertemperatur liegt zwischen 10 bis 15 °C. Äschen benötigen strömendes Wasser und stellen hohe Ansprüche an die Wassergüte. Deshalb ist eine starke Filterung des Aquarienwassers erforderlich. Der Bodengrund kann aus Sand oder Kies bestehen. Neben einem großzügig bemessenen Schwimmraum muß das Aquarium auch Versteckmöglichkeiten bieten. Als Ein-

Die Regenbogenforelle, Oncorhynchus mykiss, WALBAUM, *1792, stammt ursprünglich aus Nordamerika und gelangte als beliebter Angel- und Speisefisch über Besatz und über Teichanlagen in heimische Gewässer.*

stand geeignete Verstecke können mit großen Steinen oder Wurzeln als Dekorationsmaterial geschaffen werden. Äschen müssen besonders oft gefüttert werden und bedürfen einer Versorgung mit Lebendfutter. Sie lassen sich in entsprechend großen Aquarien mit kleineren Fischarten wie Schmerle, Elritze oder Hasel vergesellschaften und sollten in einem kleinen Trupp gepflegt werden. Die Nachzucht von Äschen ist in Aquarien kaum möglich.

Maränen

Die Familie der Maränen Coregonidae, die auch unter den Namen Felchen oder Renken bekannt ist, gehört ebenfalls zur näheren Verwandtschaft der Lachsfische.

Bekannt ist das im Bodensee vorkommende Blaufelchen. Alle Mitglieder dieser Familie tragen eine Fettflosse. Die einheimische Maränenfauna umfaßt anadrome Wanderfische und stationär in Seen vorkommende

Männliche Äsche, Thymallus thymallus, LINNAEUS, *1785, mit fahnenartig erweiterter, purpurfarbener Rückenflosse.*

Jungfisch der Äsche mit der typischen, nach vorne dreieckig ausgezogenen Iris.

Zur Familie der Maränen, Coregonus *sp., gehören zahlreiche Arten, Unterarten und Ökoformen, die sich zum Teil nur schwer unterscheiden lassen.*

***Oben:** Barbe oder Flußbarbe,* Barbus barbus *(*LINNAEUS, *1758).*

***Unten:** Barbe. Foto: J. Schmidt*

Arten und Populationen. In der Literatur finden sich unterschiedliche Angaben über die Anzahl der in Europa beheimateten Maränenarten. In der Fischsystematik ist umstritten, ob die in verschiedenen Seen endemisch vorkommenden Populationen als eigenständige Arten aufgefaßt werden können. Maränen bevorzugen in der Natur sauerstoffreiches, klares Wasser. Im Hinblick auf die Pflege in Aquarien stellen sie deshalb ähnliche Ansprüche wie Forellen und Lachse. Sie bevorzugen Wassertemperaturen zwischen 12 und 18 °C, eine starke Filterung und lebendes Futter. Da es sich um Schwarmfische handelt, sollten stets mehrere Exemplare gemeinsam in einem Aquarium mit ausgedehntem Schwimmraum gepflegt werden. Weil sich Maränen im Aquarium friedlich verhalten, lassen sie sich auch mit anderen einheimischen Aquarienfischen vergesellschaften.

FAMILIE KARPFENFISCHE

Die Familie der Cyprinidae, Karpfenfische, ist die artenreichste Fischfamilie in einheimischen Binnengewässern. Während im Oberlauf von Flüssen Forellen oder Äschen als Leitfische vorkommen (Salmonidenregion), dominieren die Karpfenfische im Mittel- und Unterlauf von Flüssen. Aus diesem Grund werden diese Abschnitte der Flüssen auch als Cyprinidenregion bezeichnet. Diese wiederum wird in die Barben- und die Bleiregion unterteilt. Die Barbe ist – als Charakterart der Mittelläufe einheimischer Flüsse – durch den Gewässerausbau und die Stauhaltungen vielerorts im Bestand zurückgegangen oder ausgestorben (z. B. in Havel und Spree in Berlin).

Barbe

Die Barbe, *Barbus barbus,* hat in Anpassung an die von ihr besiedelten Gewässer einen stromlinienfrömigen Körper und ist ein guter Schwimmer mit bodenorientierter Lebensweise. Tagsüber ruht sie meist an geschützten, stömungsberuhigten Bereichen (unter großen Steinen oder in Kolken). Ihre Nahrung sucht sie im Gewässergrund. Hierfür ist sie mit einem unterständigen Maul und vier Barteln an der Oberlippe ausgestattet. An diesen Merkmalen kann sie der Aquarianer leicht von anderen heimischen Fischarten unterscheiden.

Barben sind nur bedingt für die Haltung in Zimmeraquarien geeignet, da sie relativ groß werden können (in der Natur bis 90 cm) und viel Schwimmraum beanspruchen. Barben können dementsprechend nur in großen Aquarien gepflegt werden. Jungfische eignen sich auch für die Pflege in einem Gesellschaftsaquarium. Im Hinblick auf die Ernährung und die Wasserqualität sind Barben anpassungsfähig. Die Wassertemperatur sollte jedoch 22 °C langfristig nicht übersteigen. Um im Aquarium eine angemessene Strömung zu erzeugen, ist eine starke Umwälzung des Wassers mit entsprechend leistungsfähigen Pumpen erforderlich. Weiterhin benötigen Barben Verstecke, in die sie sich zurückziehen können. Dies ist bei der Dekoration mit Steinen und Wurzeln zu berücksichtigen. Bei der Bepflanzung des Aquariums ist darauf zu achten, daß schlecht wurzelnde Aquarienpflanzen durch die wühlende Tätigkeit der Barben oft ausgegraben werden. Die Nachzucht von Barben ist im Aquarium kaum möglich.

Der Gründling, Gobio gobio (LINNAEUS, 1758), ist eine gesellige Fischart mit bodenorientierter Lebensweise.

Gründling.
Foto: J. Schmidt

Gründling

Der Gründling, *Gobio gobio*, ist einer der bekanntesten heimischen Aquarienfische und wird regelmäßig im Fachhandel für Aquarien und Teiche angeboten. Da er nur selten über 20 cm lang wird, eignet er sich auch für die Pflege in kleineren Zimmeraquarien. Der Gründling hat einen spindelförmigen Körper und ein unterständiges Maul, mit jeweils einer Bartel in den Winkeln. Entlang der Flanken trägt er bläulich schimmernde Flecke, die zu einem Band verschmelzen können und ihm ein attraktives Aussehen verleihen. In Mitteleuropa werden insgesamt vier Gründlingsarten unterschieden, von denen *G. gobio* am häufigsten vorkommt und am weitesten verbreitet ist. Jüngste Untersuchungen zeigen, daß der Weißflossengründling, *G. albipinnatus*, in Mitteleuropa häufiger ist als ursprünglich angenommen wurde und er sich gegenwärtig auch in den Einzugsgebieten von Elbe und Oder ausbreitet.

Pflege und Zucht

Gründlinge besiedeln in der Natur sowohl fließende als auch stehende Gewässer und haben eine bodenorientierte Lebensweise. Da sie gerne im Sand nach Nahrung suchen, sollte der Bodengrund des Aquariums aus Sand oder feinkörnigem Kies bestehen. Mit ihrer wühlenden Tätigkeit lockern sie den Grund auf, ohne dabei die Aquarienbepflanzung auszugraben. Gründlinge sind anpassungsfähige und gesellig lebende Fische, die ohne Probleme mit anderen heimischen Aquarienfischen vergesellschaftet werden können. Die Pflege in einem kleinen Schwarm (mindestens sechs Exemplare) fördert das Wohlbefinden. Aufgrund ihrer ausgeprägten Anpassungsfähigkeit können sie leicht an Trocken- und Frostfutter gewöhnt werden. Da sie unermüdlich den Grund nach Nahrung absuchen, verwerten sie auch auf den Grund gesunkenes Futter und wirken so der sauerstoffzehrenden Zersetzung von Futterresten entgegen. Weil sie empfindlich auf Sauerstoffmangel im Wasser reagieren, ist das Aquariumwasser intensiv zu filtern und zu belüften. Eine langfristig Erwärmung über 25 °C ist zu vermeiden.

Gründlinge sind dankbare und schwimmfreudige Pfleglinge, die sehr zutraulich werden können. Bei guter Pflege werden sie bis fünf Jahre alt. Die Nachzucht ist in Zimmeraquarien möglich. Hierfür eignen sich am besten Elterntiere, die bei abgesenkten Wassertemperaturen überwintert haben. Diese sollten langsam an eine erhöhte Wassertemperatur gewöhnt und in ein Aquarium von mindestens einem Meter Länge und schräg abfallenden Sandgrund sowie einem Wasserstand von 20 cm überführt werden. In der Natur erstreckt sich die Laichzeit des Gründlings von Mai bis Juni. Die Ernährung mit Lebendfutter fördert die Laichbereitschaft. Die Männchen tragen in der Laichzeit einen Laichausschlag in Form kleiner weißer Pünktchen. Das Balzspiel ist relativ lebhaft. Die Weibchen legen pro Saison portionsweise zwischen 1000 bis 3000 Eier mit einem Durchmesser von jeweils 1,5 mm. Da Gründlinge keine Brutpflege betreiben, sollten die Elterntiere nach dem Laichen in ein anderes Aquarium überführt werden. Die geschlüpfte Brut kann nach dem Freischwimmen problemlos mit Staubfutter ernährt werden. Gründlinge wachsen im Aquarium relativ langsam.

Aland, Leuciscus idus (LINNAEUS, *1758).*

Aland

Insgesamt vier Arten aus der Gattung *Leuciscus* kommen in einheimischen Gewässern vor und werden in diesem Buch vorgestellt. Ihnen ist gemeinsam, daß sie fließende Gewässer bevorzugen, wobei die Bindung an strömendes Wasser bei den verschiedenen Arten unterschiedlich ausgeprägt ist. Der Aland, *Leuciscus idus*, zeigt im Hinblick auf die Strömungsverhältnisse, die Wassertemperatur und -güte das größte Anpassungsvermögen. Er ist auch unter den Namen Orfe oder Nerfling bekannt. Sein Körper ist silbrig gefärbt, seine Brust- und Bauchflossen sowie die After- und der untere Lappen der Schwanzflosse schimmern rötlich. Im einschlägigen Handel wird häufig eine orange-rot gefärbte Zuchtform, die Goldorfe, als Besatz für Aquarien und Teichanlagen angeboten.

Pflege und Zucht

Der Aland ist ein schwimmfreudiger Schwarmfisch, was bei der Größe und Einrichtung des Aquariums zu berücksichtigen ist. Da der Aland und die anderen beschriebenen Arten aus der Gattung *Leuciscus* gerne springen, müssen die Aquarien mit einer Glasscheibe abgedeckt werden, um Verluste zu vermeiden! In der Natur kann er über einen halben Meter lang werden. Unter Aquarienbedingungen wächst er jedoch relativ langsam und kann leicht mit anderen einheimischen Karpfenfischen vergesellschaftet werden. Der Aland gedeiht ohne Probleme langfristig bei Zimmertemperaturen. Seiner geselligen Natur entsprechend sollte er nicht einzeln, sondern in einer Gruppe von mindestens fünf Exemplaren gepflegt werden. Er läßt sich einfach an Trocken- und Frostfutter gewöhnen. Eine abwechslungsreiche Ernährung, die auch Lebendfutter wie Wasserflöhe und Mückenlarven sowie Regenwürmer und Anflugnahrung einschließt, fördert sein Wohlbefinden. Als Bodengrund eignet sich Kies. Die Nachzucht des Alands ist in Zimmeraquarien nicht möglich. Er erreicht wahrscheinlich nur in entsprechend großen Gewässern die Laichreife. Dort legt er in der Natur in den Monaten von März bis Mai seine Eier sowohl an Unterwasserpflanzen als auch an Wurzeln oder Steinen.

Die Goldorfe ist eine Zuchtform des Alands und wird häufig als Besatz für Aquarien und Gartenteiche angeboten.

Döbel

Der Döbel, *Leuciscus cephalus*, ist ein typischer Begleitfisch der Barbenregion. Seine Bindung an strömendes Wasser ist stärker ausgeprägt als beim ähnlichen Aland, von dem er sich u.a durch seine großen, dunkel gerandeten Schuppen, die ihm eine netzartige Zeichnung verleihen, unterscheidet. Er hat einen relativ großen Kopf und eine nach außen gewölbte (konvexe) Afterflosse. Döbel sind beliebte Angelfische und werden nicht als Besatz für Aquarien oder Teiche angeboten. Mit zunehmender Größe ernähren sich Döbel in der Natur räuberisch, größere Exemplare fressen auch kleine Fische. Für die Pflege im Aquarium eignen sich deshalb nur Jungfische. Diese wachsen unter Aquarienbedingungen relativ langsam. Döbel lassen sich nicht in Aquarien vermehren, da sie wahrscheinlich nur in entsprechend großen Gewässern die Laichreife entwickeln. Im Hinblick auf die Pflege von Jungfischen gelten die für Aland beschriebenen Hinweise.

Hasel

Besonders die Jungfische des Hasels, *Leuciscus idus*, lassen sich nicht einfach von denen des Alands und des Döbels unterscheiden. Im Gegensatz zum Aland hat der Hasel ein leicht unterständiges Maul und keine rot gefärbten Flossen. Vom Döbel unterscheidet er sich durch die nach innen gewölbte (konkave) Afterflosse. Wie die anderen beschriebenen Arten der Gattung *Leuciscus* bevorzugt er strömende, sauerstoffreiche Gewässer. Deshalb sollte

Döbel, Leuciscus cephalus (LINNAEUS, *1758).*

das Wasser im Aquarium intensiv über die Filter umgewälzt und belüftet werden. Auch der Hasel sollte in einem kleinen Schwarm gepflegt werden und kann in entsprechend großen Aquarien, mit einer Länge von mindestens einem Meter, mit anderen einheimischen Karpfenfischen vergesellschaftet werden. Über seine Nachzucht in Zimmeraquarien sind keine Literaturangaben bekannt.

Strömer

Der Strömer, *Leuciscus souffia*, kann durch seine orangegelb gefärbte Seitenlinie leicht von den anderen beschriebenen Fischarten der Gattung unterschieden werden und wird im Gegensatz zu diesen nur bis 25 cm lang. In der Natur kommt dieser lebhafte Schwarmfisch hauptsächlich in der Äschenregion vor. Er beansprucht strömendes, sauerstoffreiches Wasser und reagiert empfindlich auf Beeinträchtigungen der von ihm besiedelten Gewässer durch den Menschen. Künstliche Uferbefestigungen, Stauhaltungen und die Verschlechterung der Wassergüte haben vielerorts einen Rückgang seiner Bestände verursacht, so daß er zu den geschützten einheimischen Fischarten gehört. Da er einerseits in den

Hasel, Leuciscus leuciscus (LINNAEUS, *1758).*

Oben links: *Der Strömer,* Leuciscus souffia *(*RISSO*, 1826), gehört zu den attraktivsten heimischen Kleinfischarten.*

Oben rechts: *Diese Form des Strömers wurde früher als Unterart* Leuciscus souffia agassizi *aufgefaßt.*
Foto: J. Schmidt

Unten: *Die Doppelreihe dunkler Punkte entlang der Seitenlinie erinnert beim Schneider,* Alburnoides bipunctatus *(*BLOCH*, 1782), an eine Stoffnaht.*

geltenden regionalen und überregionalen Roten Listen als gefährdete oder vom Aussterben bedrohte Art geführt wird und andererseits nicht über den einschlägigen Handel erworben werden kann, wird von der Pflege in Zimmeraquarien abgeraten.

Schneider

Der Schneider, *Alburnoides bipunctatus*, wurde in dieses Buch aufgenommen, weil er wie der Strömer eine attraktiv gefärbte, relativ klein bleibende einheimische Fischart repräsentiert. Seinen Namen verdankt er den in zwei Reihen angeordneten schwarzen Punkten, welche die Seitenlinie säumen und an eine Doppelnaht erinnern. Er hat einen graugrün bis goldfarben schillernden Körper. Der Ansatz der Brustflosse ist leuchtend orange. Der Schneider besiedelt klare, stark strömende und sauerstoffreiche Bäche. Er beansprucht überströmten Kiesgrund als Laichsubstrat. Auch die Bestände des Schneiders sind vielerorts durch den Ausbau der von ihm besiedelten Gewässer bedrohlich geschrumpft oder erloschen. Deshalb gehört er zu den geschützten einheimischen Fischarten. Da er in den jeweiligen regionalen und überregionalen Roten Listen geführt wird, wird von seiner Pflege abgeraten, obwohl er auch unter Aquarienbedingungen gezüchtet werden kann.

Plötze oder Rotauge

Die Plötze, *Rutilus rutilus*, ist auch unter dem Namen Rotauge bekannt und gehört zu den häufigsten, einheimischen Fischarten. Sie ist im Hinblick auf die Strömungsverhältnisse, die Uferstruktur, das Laichsubstrat, das Nahrungsspektrum sowie die Temperatur und Güte des Wassers ausgesprochen anpassungsfähig. Die Plötze gehört nicht zu den gefährdeten Fischarten und wird regelmäßig im Fachhandel als Besatz für Aquarien und Teiche angeboten. Sie hat einen spindelförmigen Körper, rötlich gefärbte Flossen und eine orangerot bis rot gefärbte Iris. Die Plötze trägt (im Gegensatz zur ähnlichen Rotfeder) ein endständiges Maul und der vordere Ansatz der Rückenflosse steht bei ihr senkrecht über dem der Bauchflossen.

Die Plötze oder das Rotauge, Rutilus rutilus (LINNAEUS, *1758), gehört zu den häufigsten und anpassungsfähigsten heimischen Fischarten.*

Pflege und Zucht

Aufgrund ihrer ausgeprägten Anpassungsfähigkeit und ihrer im Vergleich zu vielen anderen heimischen Karpfenfischen geringen Körpergröße eignet sich die Plötze besonders gut als Aquarienfisch. In der Natur werden sie selten länger als 25 cm, im Aquarium bleiben sie meist kleiner. Sie gedeiht im Aquarium langfristig bei Zimmertemperaturen um 22 °C und verträgt auch eine vorübergehende Erwärmung des Wassers bis 28 °C. Da Plötzen gesellig leben, sollte sie der Aquarianer in einem kleinen Schwarm pflegen. Aufgrund ihrer Friedfertigkeit eignen sie sich für ein Gesellschaftsaquarium mit heimischen Fischen. Im Hinblick auf die Ernährung kann auf das übliche Spektrum an Trocken- und Frostfutter zurückgegriffen werden. Plötzen gewöhnen sich rasch an Ersatzfutter und tolerieren schwankende Wasserwerte im Aquarium. Obwohl sie als robuste Pfleglinge gelten, sollte das Aquarienwasser ausreichend gefiltert und belüftet werden. Um einen angemessenen Schwimmraum zu gewährleisten, darf das Aquarium nicht zu dicht bepflanzt werden. Die Nachzucht ist in großen Aquarien möglich, wobei Wasserpflanzen als Laichsubstrat genutzt werden. Um den Eintritt der Laichreife zu fördern, ist eine Überwinterung bei abgesenkten Temperaturen und eine abwechslungsreiche Ernährung ratsam. In der Natur erstreckt sich die Laichzeit von April bis Mai. Die Weibchen legen pro Saison bis 100000 Eier an unterschiedlichste Substrate. Plötzen betreiben keine Brutpflege. Die nach vier bis zehn Tagen schlüpfende Brut heftet sich zunächst mit Hilfe von Klebedrüsen am Kopf an das Substrat und kann nach dem Freischwimmen relativ problemlos mit Staubfutter, geschlüpften Nauplien des Salinenkrebschens, *Artemia salina*, oder Räder-

Oben links:
Eine junge Plötze.
Foto: J. Schmidt

Oben rechts:
Goldform der Rotfeder.
Foto: J. Schmidt

Unten:
Die Rotfeder, Scardinius erythrophthalmus (LINNAEUS, *1758), hat ein schräg nach oben gerichtetes Maul und beansprucht wasserpflanzen im Aquarium.*

tierchen aufgezogen werden. Die Aufzucht von Jungfischen sollte in separaten Aquarien erfolgen. Plötzen werden im Alter von drei bis fünf Jahren geschlechtsreif.

Rotfeder

Die Rotfeder, *Scardinius erythrophthalmus*, gehört zu den attraktivsten einheimischen Aquarienfischen. Sie ist an dem silbrigen bis messingfarbenen Körper und den leuchtend rot gefärbten Flossen erkennbar, denen sie ihren Namen zu verdanken hat. Von der ähnlichen Plötze unterscheidet sie sich durch das schräg nach oben gerichtete Maul und durch die Rückenflosse, deren vorderer Ansatz deutlich hinter dem der Bauchflossen liegt. Darüberhinaus ist die Iris bei der Rotfeder eher gelblich bis orange gefärbt. Sie besiedelt in der Natur bevorzugt Stillgewässer mit dichter Ufervegetation. Sie wird den sogenannten phytophilen Fischarten zugeordnet, die an das Vorkommen von Unterwasserpflanzen im jeweiligen Biotop gebunden sind. Diese werden nicht nur als Versteck und Laichsubstrat beansprucht, sondern dienen auch der Ernährung. In Teichen vermehrte Rotfedern werden häufig als Besatzfische für Aquarien und Gartenteiche im Handel angeboten.

Pflege und Zucht

Rotfedern sind robuste Aquarienfische, die sich bei Zimmertemperaturen erfolgreich pflegen lassen und kurzfristig auch Temperaturen bis 28 °C tolerieren. Aufgrund ihrer geselligen Lebensweise empfiehlt sich die Pflege eines Schwarms von mindestens fünf Exemplaren. Rotfedern eignen sich aufgrund ihres friedlichen Verhaltens besonders gut für die Vergesellschaftung mit anderen einheimischen Karpfenfischen. Bei der Dekoration des Aquariums ist darauf zu achten, daß auch Versteckmöglichkeiten zum Beipiel mit Moorkienholz geschaffen werden, damit sich die Pfleglinge zurückziehen können. In einem Aquarium mit Versteckmöglichkeiten legen sie eher ihr scheues Verhalten ab. Da die Rotfeder weichblättrige Wasserpflanzen nicht verschmäht, sind diese für die Bepflanzung des Aquariums ungeeignet. Obwohl sich Rotfedern leicht an Trocken- und Frostfutter gewöhnen lassen, sollte der Speiseplan auch pflanz-

liches Futter beinhalten. Als vegetarische Beilage werden geschnittene Salat-, Spinat- oder Löwenzahnblätter ebenso wie Haferflocken oder Algen empfohlen.
Um den Eintritt der Laichreife unter Aquarienbedingungen zu ermöglichen, ist eine Überwinterung bei abgesenkten Wassertemperaturen nötig. In der Natur erstreckt sich die Laichzeit von April bis Juni. Der klebrige Laich wird bevorzugt auf Wasserpflanzen abgelegt und kann pro Weibchen über 200 000 Eier umfassen. Die nach drei bis zehn Tagen schlüpfende Brut heftet sich mit Hilfe von Klebedrüsen an Wasserpflanzen, bis ihr Dottervorrat aufgebraucht ist. Nach dem Freischwimmen fressen sie die üblicherweise zur Ernährung von Jungfischen verwendeten Futtersorten.

Rotfedern im Teich.
Foto: M.-P. & C. Piednoir

Der Rapfen, Aspius aspius (LINNAEUS, 1758), wird bis einen Meter lang und jagt erwachsen überwiegend Fische.

Rapfen oder Schied

Der Rapfen oder Schied, *Aspius aspius*, kann bis einen Meter lang werden und gehört damit zu den größten heimischen Karpfenfischen. Erwachsene Exemplaren fressen im Gegensatz zu den meisten anderen Arten dieser Familie überwiegend Fische. In Anpassung an seine räuberische Ernährungsweise hat der Rapfen ein weites, bis unter die Augen reichendes Maul. Er jagt auch in der Freiwasserregion und stellt dort unter anderem dem Ukelei nach. In der Natur besiedelt er größere Stillgewässer und Flüsse. Während die Jungfische oft Schwärme bilden, werden erwachsene zunehmend zu Einzelgängern. Der Rapfen wird nicht als Aquarienfisch im Handel angeboten. Aufgrund seiner Größe und des entsprechend hohen Schwimmraumbedarfs können erwachsene Exemplare nur in Schauaquarien gepflegt werden. Die Jungfische wachsen bei entsprechender Ernährung relativ rasch. Obwohl sie bei Zimmertemperaturen gepflegt werden können, wird vom Erwerb von Jungfischen abgeraten, da sie innerhalb weniger Monate für die Pflege in Zimmeraquarien zu groß werden.

Ukelei

Der Ukelei, *Alburnus alburnus*, ist auch unter dem Namen Laube bekannt. Er besiedelt als weit verbreiteter und häufiger Schwarmfisch stehende oder langsam fließende Gewässer. Er kommt auch in der Freiwasserregion vor und hält sich häufig dicht unter der Wasseroberfläche auf. Er ist silbrig gefärbt, hat ein oberständiges Maul sowie eine vom Kopf bis zur Schwanzflosse durchgehende Seitenlinie. Früher wurde der Ukelei in Massen gefangen, um aus seinen Schuppen eine Essenz für die Herstellung künstlicher Perlen zu gewinnen. Da der Ukelei in der Natur selten über 20 cm lang wird und im Hinblick auf die Wassertemperatur und -qualität anpassungsfähig ist, eignet er sich auch gut für die Pflege in Zimmeraquarien.

Pflege und Zucht

Der Ukelei sollte in einem kleinen Schwarm in einem Aquarium mit einer Kantenlänge von mindestens einem Meter gepflegt werden. Da er gerne springt, ist eine Abdeckung des Aquariums mit einer Glasscheibe unerläßlich. Er benötigt einen ausgedehnten, hindernisfreien Schwimmraum. Da er sich friedlich verhält, eignet er sich für die Vergesellschaftung mit anderen Karpfenfischen. Unter Aquarienbedingungen zeigt der Ukelei ein verringertes Wachstum. Er verträgt Zimmertemperaturen, reagiert jedoch empfindlicher als viele andere Karpfenfische auf Sauerstoffmangel oder Temperaturen über 25 °C. Im Hinblick auf die Ernährung stellt der Ukelei keine besonderen Ansprüche. Er ge-

Ukelei, Alburnus alburnus (LINNAEUS, *1758), in einem mit* Vallisneria *sp. und Moorkienholz eingerichteten Aquarium.*

wöhnt sich problemlos an handelsübliches Trocken- und Frostfutter und frißt der Größe seines Mauls entsprechend auch lebende Planktonorganismen, Mückenlarven oder Anfluginsekten. Auf den Aquariengrund gesunkene Nahrung wird in der Regel kaum beachtet. Der Ukelei wird in der Natur im Alter von zwei bis drei Jahren geschlechtsreif. Damit sich die Laichreife auch unter Aquarienbedingungen entwickelt, benötigt er die Überwinterung in einem Aquarium mit abgesenkten Wassertemperaturen. In der Natur erstreckt sich seine Laichzeit von April bis Juni. Die Nachzucht gelingt am wahrscheinlichsten in einem großen Aquarium mit geringem Wasserstand (ca. 20 bis 30 cm), schwacher Wasserumwälzung und Sand- oder Kiesgrund. Beim Umsetzen ist darauf zu achten, daß die Fische nicht verletzt werden. Bei Berührungen mit der Hand fallen leicht die Schuppen aus. Bezüglich des Laichsubstrats stellt der Ukelei keine Ansprüche. Im Aquarium werden die klebrigen Eier an Wasserpflanzen, Steinen oder Wurzeln abgelegt. Die nach fünf bis zehn Tagen schlüpfenden Larven können zunächst mit Staubfutter aufgezogen werden.

Moderlieschen

Das Moderlieschen, *Leucaspius delineatus*, ist ein typischer Bewohner kleiner Stillgewässer wie Weiher und Tümpel. Es besiedelt als quirliger Schwarmfisch stehende oder langsam fließende Gewässer mit seichten, verkrauteten Uferregionen. Es hat wie der Ukelei einen langgestreckten, silbrig gefärbten Körper und unterscheidet sich von diesem durch seine kurze Seitenlinie, welche vom Kiemenrand schräg nach unten zieht und sich nur über sieben bis zwölf Schuppen erstreckt. Da es in der Natur nur selten über acht Zentimeter lang wird, gehört es zu den kleinsten heimischen Fischarten. In Zuchtteichen vermehrte Moderlieschen können über den Fachhandel für Aquarien und Gartenteiche erworben werden.

Das Moderlieschen, Leucaspius delineatus *(*HECKEL, *1843), ist ein anspruchsloser, kleinwüchsiger heimischer Aquarienfisch. Im Hintergrund befindet sich die als Kaltwasserpflanze geeignete Kanadische Wasserpest,* Elodea canadensis.

Pflege und Zucht

Das Moderlieschen ist aus mehreren Gründen hervorragend für die Pflege in Zimmeraquarien geeignet. Einerseits wird es unter Aquarienbedingungen selten über sechs Zentimeter lang und läßt sich deshalb auch langfristig in kleineren Aqua-

Moderlieschen vor einer mit Java- und Teichlebermoos bewachsenen Korkrückwand. Foto: J. Schmidt

rien pflegen, andererseits ist es im Hinblick auf die Wassergüte und -temperatur anpassungsfähig. Zimmertemperaturen und eine vorübergehende Erwärmung des Wassers auf bis 28 °C (z. B. in den Sommermonaten) werden gut vertragen, wenn das Wasser belüftet und ausreichend gefiltert wird. Moderlieschen lassen sich relativ rasch an Trocken- oder Frostfutter gewöhnen. Um unter Aquarienbedingungen den Eintritt der Laichreife zu fördern, sollten die zur Nachzucht verwendeten Elterntiere in einem gekühlten Aquarium überwintert haben und zusätzlich mit Lebendfutter ernährt werden. Moderlieschen fressen gerne Wasserflöhe und Mückenlarven. Dabei können sie im Vergleich zu ihrer Körperlänge relativ große Futtertiere aufnehmen. Größte Aussicht auf Erfolg hat die Nachzucht in einem Aquarium, dessen Fassungsvermögen über 200 Liter liegt. In der Natur erstreckt sich die Laichzeit von April bis Juni. Der Laich eines Weibchens umfaßt 50 bis 100 klebrige Eier. Sie haben einen Durchmesser von einem Millimeter und werden mit Hilfe einer kurzen Legeröhre spiralförmig an Pflanzenstengel geheftet. Im Aquarium werden auch Schilfstengel als Laichsubstrat angenommen. Die Männchen betreiben Brutpflege. Sie bewachen den Laich und sorgen für eine Wasserbewegung, welche die Sauerstoffversorgung begünstigt, indem sie diesen mit den Flossen befächeln oder die Planzenstengel stoßen. Dieses Verhalten zeigen sie jedoch unter Aquarienbedingungen nicht immer. Die Larven schlüpfen je nach Wassertemperatur nach neun bis zwölf Tagen. Die Aufzucht der Jungfische ist vergleichsweise einfach. Handelsübliches Staubfutter wird angenommen. Die Geschlechtsreife kann bereits nach einem Jahr eintreten. Aus der Literatur geht hervor, daß Moderlieschen im Aquarium über sechs Jahre alt werden können.

Hinweis: Moderlieschen sind leicht verletzliche Fische, die bei Berührung leicht ihre Schuppen verlieren. Aus diesem Grund wird für das Umsetzen in Aquarien die Verwendung einer Fangglocke empfohlen.

Güster

Güstern, *Abramis bjoerkna*, sind in heimischen Flüssen und Seen häufig vorkommende und weit verbreitete Schwarmfische, die bevorzugt in verkrauteten Uferregionen leben und keine besonderen Ansprüche an die Wassergüte oder das Laichsubstrat stellen. Güster sind durch einen seitlich abgeflachten, hochrückigen Körper mit kleinem Kopf, unterständigem Maul und relativ großen Augen gekennzeichnet. Ihr Körper ist silbrig glänzend und schimmert bläulich, die Ansätze der paarigen Flossen sind rötlich gefärbt. Güster werden nur selten als Besatz für Aquarien oder Gartenteiche angeboten.

Pflege und Zucht

Bei der Pflege von Güstern im Zimmeraquarium ist zu beachten, daß sie in der Natur über 30 cm lang werden können. Obwohl sie unter Aquarienbedingungen relativ langsam wachsen, dürfen sie nur im Schwarm in Aquarien mit einem Fassungsvermögen von mehr als 300 Litern gehalten werden. Sie beanspruchen einerseits dichte Pflanzenbestände, die auch als Versteck genutzt werden und andererseits einen ausgedehnten Schwimmraum. Was die Wassertemperatur betrifft, toleriert die Güster die Pflege in Zimmeraquarien. Güstern suchen mit ihrem rüsselartig ausstülpbaren Maul auch am Gewässergrund nach Würmern, Schnekken und Mückenlarven, allerdings sind sie nicht so stark auf eine bodenorientierte Ernährung spezialisiert wie der Blei. Im Aquarium gewöhnen sie sich rasch an Ersatznahrung in Form von Flocken- oder Frostfutter. Güstern können mit anderen friedfertigen Fischarten vergesellschaftet werden. Über die erfolgreiche Nachzucht in Zimmeraquarien ist kaum etwas bekannt. Wahrscheinlich ist die Vermehrung unter Aquarienbedingungen nur in Ausnahmefällen möglich. In der Natur laichen Güstern im Mai und Juni an seichten verkrauteten Ufern. Pro Saison werden von einem Weibchen je nach Körpergewicht bis 100 000 Eier mit einem Durchmesser von zwei Millimetern portionsweise an Wasserpflanzen abgelegt. Die Geschlechtsreife tritt im Alter von drei bis vier Jahren ein.

Die Güster, Abramis bjoerkna (LINNAEUS, 1758), beansprucht ein dicht bepflanztes Aquarium mit viel Schwimmraum.

Blei oder Brachsen, Abramis brama *(*LINNAEUS, *1758).*

Blei oder Brachsen

Der Blei oder Brachsen, *Abramis brama*, ist in stehenden und langsam fließenden Gewässern weit verbreitet. Im Unterlauf von Flüssen repräsentiert er den Charakter- oder Leitfisch der nach ihm benannten Blei- oder Brachsenregion. Er ähnelt der Güster im Hinblick auf die seitlich abgeflachte, hochrükkige Körperform; insbesondere Jungfische lassen sich nicht einfach unterscheiden. Der Blei hat eher eine graue bis beige Körperfärbung und im Verhältnis zur Größe des Kopfes kleinere Augen. Ihm fehlen rötlich gefärbte Flossenansätze. Der Blei wird gelegentlich als Besatz für Teiche angeboten und kann auch über Angler oder Fischer bezogen werden.

Pflege und Zucht

Der Blei eignet sich nur bedingt für die Pflege in Zimmeraquarien, da er in der Natur über 40 cm lang werden kann. Er kann mit anderen Karpfenfischen vergesellschaftet werden. Seiner geselligen Lebensweise entsprechend, sollte der Blei nicht einzeln, sondern in kleinen Gruppen gepflegt werden. Obwohl er sich auch an Trocken- und Frostfutter gewöhnen läßt, empfiehlt sich die zusätzliche oder ausschließliche Ernährung mit lebenden Mückenlarven oder Tubifexwürmern, die er mit seinem rüsselartig, hervorstülpbaren Maul vom Grund aufnimmt. Im Aquarium sollte Sand oder feinkörnigem Kies als Bodengrund verwendet werden, damit der Aquarianer insbesondere bei erwachsenen Exemplaren das natürliche Verhalten bei der Nahrungssuche beobachten kann. Selbst eingegrabene Nahrungsorganismen saugen diese mit ihrem Maul aus dem Grund, wobei sie regelrechte „Fraßtrichter“ hinterlassen. Unzureichend ernährte Bleie entwickeln eine scharfkantige Rückenlinie, den sogenannten Messerrücken. Die Nachzucht des Bleis ist aufgrund seiner Größe kaum in Zimmeraquarien möglich.

Elritze

Die Elritze, *Phoxinus phoxinus*, ist ein Begleitfisch der Forellenregion heimischer Fließgewässer und bevorzugt dementsprechend sauberes, sauerstoffreiches, kühles Wasser. Sie kommt aber auch in Seen mit klarem Wasser und Kies- oder Sandgrund vor. Die Elritze wird in der Natur bis 15 cm lang, bleibt jedoch im Aquarium deutlich kleiner. Sie hat einen spindelförmigen, langgestreckten Körper, mit endständigem Maul und eine bis zur Körpermitte reichende Seitenlinie. Insbesondere in der Laichzeit sind die Männchen attraktiv gefärbt. Obwohl die Bestände der Elritze vielerorts rückläufig oder erloschen sind und sie deshalb zu den geschützten Fischarten gehört, werden regelmäßig gezüchtete Exemplare im Zoofachhandel angeboten.

Pflege und Zucht

Elritzen sind lebhafte Schwarmfische, die auch in kleineren Aquarien erfolgreich gepflegt werden können. Ihr Wohlbefinden wird durch eine intensive Filterung und Wasserumwälzung über eine leistungsstarke Kreiselpumpe gefördert. Weiterhin wird die zusätzliche Belüftung über einen Ausströmerstein empfohlen, der an eine Membranpumpe angeschlossen ist. Ihr Anpassungsvermögen ermöglicht die Pflege bei Zimmertemperatur, eine dauerhafte, darüberhinaus gehende Erwärmung verträgt sie dagegen schlecht. Wegen ihrer Springfreudigkeit ist die Abdeckung des Aquariums mit einer Glasscheibe erforderlich. Sie gewöhnen sich problemlos an Trocken- und Frostfutter als Ersatznahrung und verschmähen das üblicherweise zur Fütterung von Aquarienfischen verwendete Lebendfutter wie Wasserflöhe und Mückenlarven nicht. In Aquarien können sie über sechs Jahre alt werden. Elritzen lassen sich auch in Aquarien mit einem Volumen von mindestens 100 Liter vermehren. In der Natur erstreckt sich die Laichzeit von April bis Juli. Nach einer Überwinterung bei abgesenkten Wassertemperaturen kann die Laichreife nach dem Umsetzen in ein Zimmeraquarium auch früher einsetzen. Der pro Weibchen bis 1000 Eier umfassende, klebrige Laich wird auf Kiesgrund abgelegt. Die Brut schlüpft nach etwa einer Woche und ist relativ schnellwüchsig. Sie können mit lebenden *Artemia*-Nauplien als Ersatznahrung aufgezogen werden. Die Geschlechtsreife tritt im dritten Lebensjahr ein.

Männliche Elritze, Phoxinus phoxinus (LINNAEUS, *1758) im Laichkleid.*

Heimische Kleinfische wie diese Elritzen werden am besten im Artaquarium gepflegt. Auch im Gartenteich bleiben sie am besten unter sich; doch können sie in großen Teichen auch in Gesellschaft anderer Kleinfische wie beispielsweise Bitterlingen oder Moderlieschen leben. Foto: J. Schmidt

Koiteiche haben selbstverständlich auch ihren Reiz; für die Vergesellschaftung mit anderen heimischen Fischen sind die Farbkarpfen aber leider kaum geeignet. Foto: M.-P. & C. Piednoir

Bitterling

Der Bitterling, *Rhodeus amarus*, gehört zu den interessantesten einheimischen Fischarten. Männliche Exemplare im Laichkleid schillern in den Farben des Regenbogens und erinnern mit ihrer Farbenpracht an tropische Fische. Der Bitterling war bereits als Aquarienfisch etabliert, als es noch keinen Handel mit tropischen Fischarten gab. Doch nicht nur seine attraktive Färbung, sondern auch seine relativ geringe Größe und seine Anpassungsfähigkeit im Hinblick auf die Wasserqualität prädestinieren ihn für die Pflege und Zucht in Aquarien. Er toleriert über längere Zeiträume Zimmertemperaturen. Der Bitterling wird bis sechs, selten auch bis neun Zentimeter lang. Damit gehört er zu den kleinsten einheimischen Fischarten.

In der Natur besiedelt der Bitterling als Schwarmfisch stehende und langsam fließende Gewässer. Er bevorzugt verkrautete Ufer. Aufgrund seiner Fortpflanzungsbiologie ist er an das Vorkommen von Großmuscheln, vor allem Vertreter der Gattungen *Unio* und *Anodonta*, gebunden. Wissenschaftler ordnen den Bitterling deshalb den sogenannten muschelliebenden Fischarten zu. Die Lebensbeziehung zwischen dem Bitterling und den Großmuscheln ist ein Lehrbuchbeispiel für das Phänomen Symbiose: Eine Lebensgemeinschaft zwischen zwei verschiedenen Arten, die für beide von Vorteil ist. Im Vergleich zu anderen heimischen Karpfenfischen umfaßt der Laich eines Weibchens nicht mehrere tausend Eier, sondern nur 40 bis 100 Eier, die innerhalb eines Frühjahrs abgelegt werden. Der Bitterling kann sich eine starke Verringerung der Eizahlen leisten, weil er diese in die Kiemen der Muscheln legt, worin sie sich vor Freßfeinden geschützt und über den Atemwasserstrom mit Sauerstoff versorgt entwickeln

Männlicher Bitterling, Rhodeus amarus *(*BLOCH*, 1782) im Laichkleid.*

können. Die dadurch erhöhte Überlebenschance der Eier ist für den Bitterling vorteilhaft, doch was haben die Muscheln von den Bitterlingen? Die Großmuscheln nutzen den Bitterling als Transportwirt für ihre Larven, die als Glochidien bezeichnet werden. Diese bohren sich in die Haut sowie in die Kiemen von Fischen und setzen sich dort fest. Die Larven vollziehen dann eine Metamorphose und verlassen die Fischhaut als kleine Muscheln, wodurch sie von den Fischen verbreitet werden. Da sich Bitterlinge meist in der Nähe der Muscheln aufhalten und in deren Kiemenraum aus den Eiern schlüpfen, ist diese Fischart in der Natur der wichtigste Transportwirt für die Großmuscheln. Der Bitterling hat sich soweit an die Muscheln angepaßt, daß er sich ohne diese nicht vermehren kann. Um die Eier (3 mm Durchmesser) gezielt in den Kiemenraum der Muscheln plazieren zu können, bilden laichreife Weibchen eine relativ lange Legeröhre aus. Als weitere Anpassung an die Nutzung von lebenden Muscheln als Laichsubstrat haben Bitterlinge ein relativ differenziertes Fortpflanzungsverhalten entwickelt, dessen Studium im Aquarium sehr lohnend ist und auf das deshalb im Folgenden näher eingegangen wird.

Fortpflanzungsverhalten

Außerhalb der Laichzeit leben Bitterlinge gesellig in der Uferregion pflanzenreicher Gewässer. In der Laichzeit färben sich die Männchen intensiv, schillern in den Farben des Regenbogens und bekommen auf der Oberlippe einen Laichausschlag in Form kleiner weißer Knötchen. Dann grenzen sie Reviere ab, in deren Zentrum sich eine Muschel befindet und die gegen andere Männchen verteidigt wird. Die Muscheln haben auf der aus dem Grund ragenden offenen Schalenseite eine Einströmöffnung, durch die Atemwasser und darin enthaltenes Plankton aufgenommen wird. Neben dieser befindet sich eine Ausström- oder Kloakenöffnung, durch die verbrauchtes Atemwasser sowie Stoffwechsel- und Geschlechtsprodukte abgegeben werden. An diesen Öffnungen reagieren die Muscheln empfindlich auf Berührungen, die ein sofortiges Schließen der Schale zur Folge haben. Damit sich die Muschel nicht schließt, wenn ein Bitterlingsweibchen mit Hilfe der Legeröhre ihre Eier in den Kiemenraum legt, gewöhnt das Männchen die Muscheln an die durch Schwimmbewegungen dieser Fische verursachten Berührungsreize. Es berührt die sensiblen Stellen so oft mit dem Maul oder mir den Flossen, bis diese nicht mehr auf diese Reizung reagieren. Anschließend balzt es ein laichreifes Weibchen an, das an der ausgebildeten Legeröhre zu erkennen ist. Aufgeregt schwimmend führt es das Weibchen zur vorbereiteten Muschel. Das Weibchen positioniert sich so über der Muschel, daß die Legeröhre durch die Ausströmöffnung eingeführt werden kann. Pro Laich-

Ein- und Ausstromöffnung an der aus dem Grund ragenden Schalenseite der Teichmuschel, Anodonta *sp.*

Männliche Bitterlinge berühren die sensiblen Bereiche der Muschel so lange, bis diese daran gewöhnt ist und nicht mehr mit dem Verschließen der Schale reagiert.

Laichbereite Weibchen des Bitterlings entwickeln eine Legeröhre,…

…die sie über die Ausströmöffnung in die Kiemenhöhle der Muschel einführen, um darin jeweils die 3 mm großen Eier abzulegen.

akt werden drei bis vier Eier abgegeben. Der Bitterling ist ein Portionslaicher. Innerhalb der Laichzeit legen die Weibchen ihre Eier in zahlreichen Schüben ab und die Männchen fordern mehrere Weibchen zur Eiablage auf. Die Befruchtung der abgelegten Eier erfolgt im Kiemenraum der Muschel. Das vom Männchen abgegebene Sperma gelangt mit dem Atemwasserstrom der Muschel zu den Eiern. Der Atemwasserstrom im Kiemenraum der Muscheln gewährleistet für die sich entwickelnden Eier des Bitterlings eine ausreichende Sauerstoffversorgung.

Pflege und Zucht

Obwohl der Bitterling verträglich ist und zusammen mit anderen heimischen Kleinfischarten im Gesellschaftsaquarium gepflegt werden kann, wird seine Haltung in einem Artaquarium empfohlen. Darin kann er ungestört sein interessantes Verhalten zeigen, dessen Beobachtung nicht nur für Aquarianer lohnend ist. Das Aquarium sollte den Bedürfnissen dieser Art entsprechend eingerichtet werden und mindestes ein Volumen von 80 Litern haben. Diese Mindestbeckengröße bietet einen ausreichenden Schwimmraum und gewährleistet – entsprechend ihrer geselligen Lebensweise – die Pflege von mindestens fünf bis sieben Bitterlingen sowie einigen Großmuscheln.

> **Vorsicht: Auch die einheimischen Großmuscheln sind geschützt und dürfen nicht aus einheimischen Gewässern entnommen werden!**

Für die Haltung in Aquarien geeignete und vom Bitterling akzeptierte Muscheln werden im Zoofachhandel angeboten.
Im Hinblick auf die Ernährung ist der Bitterling sehr anpassungsfähig. Im Aquarium läßt er sich leicht an Flockenfutter oder gefrorene Wasserflöhe und Mückenlarven gewöhnen. Auch vegetarische Kost wird nicht verschmäht. Die Fütterung mit lebenden Wasserflöhen fördert das Wohlbe-

finden und den Reproduktionserfolg. Wie bei den meisten tropischen Fischen, sollte möglichst abwechslungsreich gefüttert werden. Was die Wasserqualtität betrifft, ist der Bitterling anpassungsfähig. Chlorfreies Leitungswasser mit pH-Werten zwischen 6,5 und 7,5 ist für den regelmäßigen Teilwasserwechsel meist ausreichend. Da sich Bitterlinge gern im verkrauteten Uferbereich der besiedelten Gewässer aufhalten, sollte ein Bitterlingsaquarium mit Unterwasserpflanzen dekoriert werden. Hierfür eignen sich im Prinzip alle heimischen oder importierten Wasserpflanzen, die dichte Bestände bilden, im „Kaltwasseraquarium" gedeihen und vom Fachhandel für Aquarien und Gartenteiche angeboten werden. Die Pflanzen sollten ausschließlich im hinteren Bereich und an den Seiten des Aquariums plaziert werden, damit im vorderen Bereich des Aquariums sowohl für die Bitterlinge als auch für die Muscheln ausreichend Bewegungsraum bleibt.
Als Bodengrund eignet sich feiner Kies (1 bis 2 mm Körnung), in den sich die Muscheln eingraben können. Großmuscheln verwachsen nicht mit dem Substrat, sondern können ihren Standort wechseln. Dabei durchpflügen sie den Grund mit Hilfe ihres ausstülpbaren Fußes. Damit die Muscheln bei ihren Wanderungen nicht die Hintergrundbepflanzung des Aquariums ausgraben, empfiehlt es sich, den Wurzelbereich der Aquarienpflanzen im hinteren Bereich des Aquariums mit größeren quergestellten Steinen abzugrenzen. Auf diese Weise kann der Bewegungsraum der Muscheln auf den vorderen, gut sichtbaren Bereich des Aquariums beschränkt werden. Im nicht bepflanzen und lichtdurchflutenden Bereich zeigen die Bitterlinge bei artgerechter Pflege ihr eindrucksvolles Fortpflanzungsverhalten.
Eine artgerechte Pflege vorausgesetzt, läßt sich das Fortpflanzungsverhalten des Bitterlings relativ einfach beobachten. Die erfolgreiche Nachzucht dieser Art stellt eine Herausforderung für anspruchsvolle Aquarianer dar. Sie setzt Kenntnisse voraus, die im folgenden erläutert werden. Wer Bitterlinge im Aquarium vermehren will, der muß den als Laichwirt verwendeten Muscheln große Aufmerksamkeit schenken. Teich- und Malermuscheln ernähren sich als Filtrierer, die mit ihren Kiemenlamellen Plankton aus dem Atemwasserstrom zurückhalten. Eine Großmuschel kann bis hundert Liter Wasser pro Tag durch ihren Körper pumpen. Durch die für das funktionierende Aquarium erforderliche Filterung, können sich im Aquarienwasser keine für die Ernährung der Muscheln ausreichenden Planktonmengen bilden. Dies hat zur Folge, das in Aquarien gehaltene Muscheln hungern, wenn sie nicht zusätzlich gefüttert werden. Einer Muschel ist jedoch nicht anzusehen, wenn sie hungert, sie magert meist unbemerkt ab. Hungernde Muscheln stoßen im Kiemenraum befindliche Eier oft ab, so daß diese zu Grunde gehen. Um dies zu vermeiden, müssen frische und entsprechend große Muscheln (mindestens 8 bis 10 cm Länge) verwendet werden. Im Aquarium können Muscheln mit suspendiertem Eigelb von hartgekochten Eiern, mit suspendierter Hefe oder mit käuflichem Planktonersatz gefüttert werden. Vor dem Füttern sollte jedoch der Filter abgestellt werden, damit die Muscheln ausreichend Zeit haben, das angebotene Futter aus dem Wasser zu filtern. Eine unzureichende Ernährung der Wirtsmu-

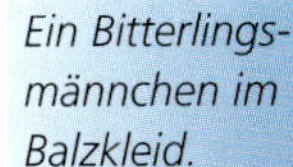

Ein Bitterlingsmännchen im Balzkleid.

Ein Bitterlingsmännchen im Normalfärbung. Fotos: J. Schmidt

scheln ist nach meiner Auffassung die häufigste Ursache für Fehlschläge bei der angestrebten Nachzucht des Bitterlings. Aus den im Kiemenraum der Muscheln abgelegten Eiern schlüpfen nach etwa vier Wochen die Larven. Diese bleiben dort, bis ihr Dottervorrat aufgebraucht ist und sie schwimmfähig werden. Muscheln, die im Aquarium über mehrere Wochen hinweg hungern, stoßen oft im Kiemenraum befindliche Eier oder nicht schwimmfähige Larven aus.

Die freischwimmenden Larven können indes relativ problemlos mit der in der Aquaristik üblicherweise bei der Aufzucht von Jungfischen verwendete Palette an kleinem Lebendfutter ernährt werden. Geschlüpfte Nauplien des Salzwasserkrebschens, *Artemia salina*, eignen sich ebenso wie Enchyträen oder entsprechend kleines Flockenfutter. Im Aquarium können Bitterlinge bereits nach einem Jahr geschlechtsreif werden.

Für die Nachzucht von Bitterlingen sollten Elterntiere verwendet werden, die eine Winterruhe bei abgesenkten Wassertemperaturen einlegen konnten. In der Natur lösen im Frühjahr die steigenden Wassertemperaturen die Laichzeit aus, die sich von April bis Juni erstreckt. Aus „Überwinterungsaquarien" in Zuchtaquarien überführte Exemplare kommen bei Zimmertemperaturen bereits nach wenigen Wochen in Laichstimmung.

Anmerkungen zur Gefährdung des Bitterlings

Der Bitterling ist in allen landes- und bundesweiten Roten Listen Deutschlands in einer der Gefährdungskategorien aufgeführt. Darüberhinaus ist er auch durch internationale Richtlinien geschützt. Dieser Umstand resultiert aus dem beobachteten, dramatischen Rückgang der Bitterlingsbestände in heimischen Gewässern. Setzt sich die gegenwärtige Entwicklung fort, dann ist das Aussterben dieser Art in Mitteleuropa zu befürchten. In der einschlägigen Literatur wird als Ursache für den Rückgang des Bitterlings oft pauschal die Düngung der Gewässer durch eingeleitete

Nährstoffe genannt. Diese bedingt vielerorts eine so starke Minderung der Wassergüte, daß Großmuscheln absterben. In nährstoffreichen Gewässern kann es insbesondere am Gewässergrund zu Sauerstoffmangel kommen, auf welche die Muscheln empfindlicher reagieren als die Bitterlinge. Diese plausible Annahme ist jedoch sicherlich nicht die einzige Ursache.

Aus den Ergebnisse von Literaturrecherchen und Befischungen, die mein Kollege Dr. Christian WOLTER und ich in Berliner und Brandenburger Gewässern durchgeführt haben, zeigen jedoch, daß die Bitterlingsbestände in mehreren Gewässern vor den Muscheln verschwanden. So ist der Bitterling in den Havelseen bei Berlin ausgestorben, obwohl dort noch Großmuscheln vorkommen. Nach unserer Auffassung hat deshalb der Rückgang dieser attraktiven heimischen Fischart mehrere Ursachen. Der Nährstoffeintrag und künstliche Uferbefestigungen verursachen in vielen Gewässern einen Rückgang der Wasserpflanzen. In ökologisch beeinträchtigten Gewässern dominieren umwelttolerantere Fischarten. So ist der Anteil von gefangenen Barschen, *Perca fluviatilis*, in Kanälen, die mit Steinschüttungen oder Spundwänden befestigt sind, bis zehnmal höher als in vergleichbar befischten natürlichen Flußabschnitten. Barsche fressen auch kleine Fische, wie den Bitterling. Darüber hinaus gibt es Hinweise dafür, daß auch der Aal, der als wirtschaftlich bedeutender Speisefisch in vielen Gewässern ausgesetzt wird, einen Fraßdruck auf Kleinfische ausübt. Einen erhöhten Fraßdruck können jedoch Fischarten mit geringem Vermehrungspotential kaum kompensieren. Deshalb ist anzunehmen, daß der Bitterling, bei dem die Anzahl der abgelegten Eier pro Weibchen und Laichsaison unter allen einheimischen Karpfenfischen am geringsten ist, am empfindlichsten auf einen erhöhten Fraßdruck durch umwelttolerante oder eingesetzte Fische reagiert. In allen Gewässern, in denen wir den Bitterling noch nachweisen konnten, war der Anteil an gefangenen Barschen und Aalen relativ gering. Dementsprechend hat der gefährliche Rückgang des Bitterlings mehrere Ursachen. Da der Bitterling nicht zu den als Angelobjekt nutzbaren Fischen gehört, fehlt ihm eine Lobby, die sich wirksam für seinen Schutz einsetzt.

Die Bemühungen um den Gewässerschutz zeigen in Deutschland in vielen Gewässern sichtbare Erfolge. Selbst in Ballungsräumen wie in Berlin wurden beeinträchtigte Gewässer, in denen der Bitterling ursprünglich vorkam, renaturiert und revitalisiert. In vielen Biotopen, die in den natürlichen Zustand versetzt werden, siedelt sich die ursprüngliche Flora und Fauna von selbst an. Die natürliche Wiederbesiedlung von stehenden Gewässern, deren Zustand sich infolge umfassender Maßnahmen gebessert hat, durch den Bitterling ist jedoch kaum möglich. An diesem Punkt eröffnet sich für verantwortungsbewußte Aquarianer eine Möglichkeit, sich im Sinne des Fischartenschutzes für den Bitterling einzusetzen. In Zusammenarbeit mit Fachleuten sowie Fischerei- und Umweltbehörden könnten aus Gewässern mit intakten Populationen laichreife Exemplare entnommen, im Aquarium vermehrt und die Jungfische als Besatz für renaturierte oder revitalisierte Gewässser benutzt werden. Mit in Aquarien oder Teichen vermehrten Exemplaren könnte der Bitterling kontrolliert und unter wissenschaftlicher Aufsicht in geeigneten Gewässer wieder angesiedelt werden. Solche Maßnahmen sollten jedoch von Fachleuten koordiniert werden. Nur so ist zu gewährleisten, daß in renaturierten, aber auch in künstlichen Gewässern wie Kiesgruben, in denen der Bitterling ausgesetzt werden kann, er auch Bedingungen vorfindet wie zum Beispiel Großmuschelbestände, mit Wasserpflanzen bewachsene Ufer, lichtexponierte Stellen für die Balzspiele, und geringer Fraßdruck durch Raubfische, die sein Überleben ermöglichen.

über 2 kg schwer werden. Schleien leben dämmerungs- und nachtaktiv in stehenden und langsam fließenden Gewässern. Sie bevorzugen dicht bewachsene Ufer sowie einen schlammigen Grund.

Pflege und Zucht

Da die Schleie gerne im Grund wühlt, sollte feinkörniger Kies oder Sand als Bodengrund verwendet werden. Weiterhin muß der Wurzelbereich der Unterwasserpflanzen im Aquarium mit Steinen bedeckt werden, um das Entwurzeln zu verhindern. Obwohl die Schleie im Hinblick auf die Wasserqualität ausgesprochen anpassungsfähig ist, sollte sie in Aquarien mit einem Volumen von mindestens 200 Litern gepflegt werden. Sie fühlt sich bei Zimmertemperaturen wohl und toleriert im

Schleie, Tinca tinca *(*LINNAEUS, *1758). Foto: M.-P. & C. Piednoir*

Schleie

Die Schleie, *Tinca tinca*, läßt sich aufgrund ihres typischen Messingglanzes, ihren kleinen Schuppen und den kleinen Barteln an den Mundwinkeln leicht von anderen einheimischen Fischarten unterscheiden. Sie kann über 40 cm lang und

Eine Schleie in einem mit der Wasserfeder, Hottonia *sp., bepflanzten Aquarium.*

Sommer auch eine vorübergehende Erwärmung des Wassers auf bis 28 °C. Sie hält sich tagsüber gern an beschatteten Stellen dicht über Grund auf. Die Schleie kann in einem Artaquarium gepflegt werden und eignet sich aufgrund ihrer Friedfertigkeit auch für Gesellschaftaquarien.
Die Ernährung von Schleien im Aquarium ist unproblematisch. Sie nehmen Trocken- und Frostfutter sowie Lebendfutter an. Obwohl Schleien in Zuchtteichen vermehrt werden, ist ihre Zucht in kleinen Gartenteichen oder Aquarien kaum möglich. Die Schleie gilt als wohlschmeckender Speisefisch und als begehrtes Angelobjekt. In der Natur laichen sie in den Monaten von Mai bis Juni auf pflanzlichen Substraten. Schleien werden als Besatz für Gewässer und Teiche im Handel angeboten. Gelegentlich treten goldfarbene Formen auf.

Eine junge Karausche. Foto: J. Schmidt

Karausche

Die Karausche, *Carassius carassius*, hat einen seitlich abgeflachten, leicht hochrückigen Körper. Vom ähnlichen Giebel unterscheidet sie sich unter anderem durch die am freien Rand konvex gekrümmte Rückenflosse. Die Karausche wird den limnophilen, also Stillwasser bevorzugenden Fischarten zugeordnet. Unter den einheimischen Fischen gilt sie als ausgesprochen anpassungsfähig. Sie kann selbst Tümpel und Pfuhle besiedeln, die zeitweilig austrocknen. Bei sinkenden Wasserständen gräbt sie sich in den Schlamm ein. Selbst vorübergehenden Sauerstoffmangel kann sie überdauern. Diese bemerkenswerte Fähigkeit verdankt sie einer physiologischen Anpassung des Stoffwechsels. Hat die Karausche genug Zeit, um sich anzupassen, dann kann sie die für die Aufrechterhaltung der Lebensfunktionen benötigte Energie über Gärungsprozesse gewinnen, die keinen Sauerstoff verbrauchen. Deshalb toleriert sie in den Sommermonaten auch eine starke Erwärmung der von ihr besiedelten Gewässer, was ein Absinken der Sauerstoffkonzentration im Wasser zur Folge hat.

Pflege und Zucht

Die Kaurausche ist wie die Schleie eher ein Einzelgänger, der sich oft an beschattete Plätze oder Einstände zurückzieht. In einem dicht bepflanzten Aquarium fühlen sich Karauschen besonders wohl. Aufgrund ihres ruhigen Charakters eignet sie sich gut für die Pflege in einem Artenaquarium für einheimische Cypriniden.
Karauschen nutzen in der Natur ein breites Spektrum an Plankton- und Benthonorganismen als Nahrung. Im Aquarium gewöhnen sie sich relativ rasch an Trok-

Karausche, Carassius carassius *(*LINNAEUS*, 1758), in einem mit Rauhem Hornkraut,* Ceratophyllum demersum, *bepflanzten Aquarium.*

ken- und Frostfutter. Gelegentlich knabbern sie auch an weichblättrigen Pflanzen oder weiden Aufwuchsorganismen. Ihr Wachstum wird stark von der Ernährung beeinflußt. In der Natur kommt es bei einer Massenvermehrung von Karauschen oft zur Zwergwüchsigkeit, zum Beispiel in Gewässern, in denen sie die einzige Fischart ist. Im Aquarium wird ihr Wachstum vom Wasservolumen beeinflußt. In der Regel wächst sie im Aquarium langsamer als in freier Natur. Für die Nachzucht sind große Aquarien mit dichtem Pflanzenbestand zu verwenden. Um die Elterntiere in Laichstimmung zu bringen, ist eine artgerechte Überwinterung erforderlich. Die Weibchen legen in Gewässern bis 300 000 Eier (1 bis 1,5 mm Durchmesser) an Wasserpflanzen. Die geschlüpften Larven heften sich mit Hilfe von Klebedrüsen am Kopf an Substrate, bis ihr Dottervorrat aufgezehrt ist und sie freischwimmen. Jungfische haben meist einen dunklen Fleck auf der Schwanzwurzel.

Porträt einer jungen Karausche. Foto: J. Schmidt

Giebel

Der Giebel, *Carassius auratus gibelio*, stammt ursprünglich aus Asien und gelangte in historischer Zeit wahrscheinlich mit dem Karpfenbesatz in europäische Gewässer, in denen er zu den eingebürgerten Fischarten gehört. Im Unterschied zur ähnlichen Karausche ist beim Giebel der Außenrand der Rückenflosse gerade oder konkav gebogen. Aus der Unterart *Carassius auratus auratus* wurden bereits vor 1000 Jahren in China Goldfische gezüchtet. Juvenile Goldfische sind oft wie Giebel gefärbt. Die typische Goldfärben nehmen sie dann meist erst bei einer Länge von vier bis fünf Zentimetern an. Der Giebel ist wie die Karausche im Hinblick auf die Wassergüte, das Nahrungsangebot und das Laichsubstrat anpassungsfähig. Wahrscheinlich verfügt er über die gleiche Anpassung des Stoffwechsels wie die Karausche. Auch der Giebel toleriert vorübergehenden Sauerstoffmangel im Wasser. Diese Fähigkeit ermöglicht ihm die Besiedlung von Kleingewässern wie Tümpel und Pfuhle, die sich im Sommer stark erwärmen oder austrocknen können. An die schnelle Besiedlung von Gewässern ist der Giebel durch seine erwähnenswerte Fortpflanzungsstrategie angepaßt. In den heimischen Gewässern, das heißt außerhalb seines ursprünglichen Verbreitungsgebiets, kommen nur weibliche Tiere vor. Diese vermehren sich durch eine spezielle Form der Jungfernzeugung, die von Wissenschaftlern als Gynogenese bezeichnet wird. Sie beteiligen sich am Laichgeschäft anderer Karpfenfische wie Karauschen, Rotfedern und Karpfen, indem sie ihre Eier deren abgelegten Laich hinzufügen. Die artfremden Spermien befruchten die Giebeleier nicht, sondern lösen deren Entwicklung aus. Wie sich Giebel vermehren, wenn sie als einzige Fischart in einem Gewässer vorkommen, ist unklar. Im Zoohandel werden meist silbrig gefärbte Zuchtformen angeboten.

Pflege und Zucht

Giebel sind schwimmfreudiger und geselliger als Karauschen. Aufgrund ihrer Robustheit gegenüber schwankenden Wasserwerten sind sie besonders für angehende Aquarianer geeignet. Das Aquarium sollte bepflanzt sein. An die Ernährung stellen die Giebel keine gehobenen Ansprüche. Die in der Aquaristik üblicherweise verwendete Palette an Fischfutter ist geeignet. Giebel können ohne Überwinterung bei Zimmertemperaturen gehalten werden und vertragen auch eine Erwärmung des Wassers in den Sommermonaten. Die angestrebte Nachzucht setzt allerdings eine Überwinterung voraus. Sie gelingt nur in großen, dicht bepflanzten Aquarien.

Der Giebel, Carassius auratus gibelio *(*Bloch*, 1782), hat im Unterschied zur ähnlichen Karausche einen nach innen gebogenen äußeren Rand der Rückenflosse.*

Wildkarpfen. Foto: M.-P. & C. Piednoir

Karpfen

Der Karpfen, *Cyprinus carpio*, gehört zu den bekanntesten und wirtschaftlich bedeutenden Fischarten. Die Stammform des Karpfens ist in den Zuflüssen des Schwarzen und des Kaspischen Meeres beheimatet. Bereits die Römer haben Karpfen zur Vermehrung in Gewässern ausgesetzt. Im Mittelalter wurden in Europa vielerorts Zuchtteiche angelegt und der Karpfen in einheimischen Gewässern eingebürgert. Deshalb gilt der Karpfen allgemein als eingebürgert, doch ist er fossil und in Form anderer erhaltener Reste zeitlich nahezu lückenlos belegt. Im Hinblick auf sein Schuppenkleid werden verschiedene Zuchtformen unterschieden. Während der Schuppenkarpfen wie der Wildkarpfen ganz beschuppt ist, ist das Schuppenkleid bei den anderen Zuchtformen teilweise (Zeilenkarpfen oder Spiegelkarpfen) oder ganz reduziert (Lederkarpfen).

Haltung und Pflege

Der Karpfen ist nur bedingt als Aquarienfisch geeignet. Da bis über 60 cm groß werden kann, beansprucht er entsprechend geräumige Becken. Karpfen wühlen mit ihrem ausstülpbaren Maul bevorzugt im weichen Grund nach Insektenlarven, Würmern und Schnecken. Aufgrund dieser wühlenden Tätigkeit lassen sich dauerhaft kaum Wasserpflanzen im Boden-

Im Gegensatz zur ganz beschuppten Stammform des Karpfens, Cyprinus carpio LINNAEUS, *1758, fehlen die Schuppen bei vielen Zuchtformen ganz oder teilweise, wie beim abgebildeten Spiegelkarpfen.*

Porträt eines Lederkarpfens. Karpfen sind Allesfresser, die über einen gesunden Appetit verfügen. Dieser Umstand muß bei der Wahl der Aquariengröße und der Filteranlage berücksichtigt werden.
Für die Haltung eignen sich am besten kleine Exemplare ab einer Länge von fünf bis zehn Zentimetern.
Foto: M.-P. & C. Piednoir

grund verankern. Darüberhinaus fressen sie auch Wasserpflanzen. In Gewässern mit organischen Sedimenten wie beispielsweise in Gartenteichen kann das Wühlen der Karpfen die Wassergüte mindern, weil dadurch ständig Nährstoffe aus dem Sediment ins Freiwasser gelangen und dort das Algenwachstum fördern. Im Aquarium muß der von Karpfen aufgewirbelte Mulm über eine leistungsstarke Pumpe gefiltert werden. Karpfen sollten im Gesellschaftsaquarien nur mit anderen Karpfenfischen gepflegt werden. Der Geruch von manchen räuberisch lebenden Fischen wie Forellen macht sie nervös.
Die Nachzucht ist nur in sehr großen Aquarien möglich. Die freischwimmenden Larven benötigen eine relativ hohe Dichte an feinen Planktonorganismen als Nahrung. Diese Dichte kann sich in kleinen, stark gefilterten Aquarien nicht dauerhaft einstellen. Abgestorbene Nahrungsorganismen und die Exkremente der Fische führen in kleinen Wasservolumina schnell zu einer Verschlechterung der Wassergüte. Karpfen können langfristig bei Zimmertemperaturen gepflegt werden. Bei Temperaturen um 20 °C fühlen sie sich offenbar besonders wohl.

Graskarpfen

Der Graskarpfen, *Ctenopharyngodon idella*, stammt ursprünglich aus Asien und ernährt sich überwiegend von Wasserpflanzen. Er besiedelt dort große Flüsse und Seen und wird als Speisefisch genutzt. In Mitteleuropa wurden Graskarpfen in den vergangenen Jahrzehnten zur Dezimierung von Wasserpflanzen in Gewässern ausgesetzt. Da vom Menschen verursachte Beeinträchtigungen der Gewässer vielerorts zu einem bedrohlichen Rückgang der Unterwasserpflanzenbestände geführt haben, sollte das weitere Aussetzen dieser Fischart unterbleiben. Unter den klimatischen Bedingungen in Mitteleuropa können sich Graskarpfen nicht vermehren. Bei Temperaturen unter 15 °C stellen sie die Nahrungsaufnahme ein.
Der Graskarpfen eignet sich nur bedingt als Aquarienfisch. Er wurde in dieses Buch aufgenommen, weil Jungfische bis 10 cm Länge oft im „Kaltwassersortiment“ von Aquariengeschäften angeboten werden. Von einem Erwerb wird jedoch abgeraten. Graskarpfen können bis einen Meter groß und bis 60 kg schwer werden. Eine artgerechte Pflege vorausgesetzt, werden sie für Zimmeraquarien zu groß. Die heranwachsenden Tiere dürfen nicht ausgesetzt, sondern müssen getötet werden. Auch in Gartenteichen eingesetzt, fressen sie den eigentlich erwünschten Wasserpflanzenbestand und müssen anschließend mit Salat gefüttert werden. Eine Nachzucht dieser Fischart ist in Aquarien nicht möglich.

Jungfische des Graskarpfens, Ctenopharyngodon idella (Valenciennes, 1844), werden häufig als Besatz für Aquarien oder Gartenteiche angeboten.

Ein halbwüchsiger Graskarpfen. Foto: J. Schmidt

Jungfisch des Silberkarpfens, Hypophthalmichthys molitrix *(*VALENCIENNES*, 1844).*

Ein halbwüchsiger Silberkarpfen. Foto: J. Schmidt

Marmorkarpfen

Auch der Marmorkarpfen, *Aristichthys nobilis*, stammt ursprünglich aus Asien und wurde in den vergangenen Jahrzehnten in europäische Gewässser ausgesetzt. Im Gegensatz zum Graskarpfen ernährt sich der Marmorkarpfen von Plankton. Mit Hilfe seiner reusenartigen Dornen an den Kiemenbögen kann er sich wie keine einheimische Karpfenfischart sogar von Algen im Plankton ernähren. Aus diesem Grund wurde er zur Dezimierung des pflanzlichen Planktons in nährstoffreichen Gewässern eingesetzt. Da sich der Marmorkarpfen unter den klimatischen Bedingungen in Mitteleuropa nicht auf natürliche Weise vermehren kann, ist das Erlöschen seiner Bestände zu erwarten. Während der Kieselalgenblüte im Frühjahr werden regelmäßig tote Exemplare mit verpilzten Kiemen beobachtet. Offenbar können bestimmte Kieselalgen in heimischen Gewässern bei dieser Fischart Verletzungen an den Kiemen verursachen, welche die Infektion mit Schimmelpilzen begünstigt. Obwohl junge Marmorkarpfen bis 15 cm Länge regelmäßig im Zoofachhandel angeboten werden, wird deren Anschaffung für die Haltung in Aquarien nicht empfohlen. Der Marmorkarpfen kann bis 80 cm lang werden und läßt sich deshalb nur begrenzte Zeit in kleinen Aquarien pflegen. Der Schwimmfreudigkeit und dem Wachstum entsprechend sind Aquarien mit mehreren hundert Litern Fassungsvermögen erforderlich. Seine Nachzucht ist in Zimmeraquarien unmöglich. Zu groß gewordene Exemplare dürfen nicht einfach ausgesetzt werden.

Silberkarpfen

Der Silberkarpfen, *Hypophthalmichthys molitrix*, stammt auch aus Asien und ist dem Marmorkarpfen sehr ähnlich. Bei letzterem liegen die Augen unterhalb des Mauls, während sie beim Silberkarpfen auf gleicher Höhe liegen. Beide Arten sind silbrig bis grau gefärbt, der Marmorkarpfen ist zusätzlich dunkel marmoriert. Der Silberkarpfen filtert ebenfalls mit seinen Kiemenreusendornen Planktonorganismen aus dem Wasser. Für ihn gilt das Gleiche, was bereits für die beiden zuvor beschriebenen Arten angemerkt wurde. Der Silberkarpfen wird regelmäßig im Fachhandel als Besatz für Aquarien und Gartenteiche angeboten. Da er wird bis einen Meter lang werden kann, wird das Zimmeraquarium früher oder später für sene artgerechte Pflege zu klein. Als Faunenfremling darf er nicht in einheimischen Gewässern ausgesetzt werden.

Oben: *Schlammpeitzger fressen gerne* Tubifex-*Würmer.*

Links: *Schlammpeitzger,* Misgurnus fossilis *(*LINNAEUS, *1758).*

FAMILIE SCHMERLEN (COBITIDAE)

Schlammpeitzger

Schlammpeitzger, *Misgurnus fossilis*, haben einen langgestreckten, dem Aal ähnlichen Körper. An ihrem Maul tragen sie zehn kleine Barteln. Der Rücken und die Flanken sind gelblich und mit braunen Längsbinden sowie einer dunklen Punktierung versehen, die dem Fisch eine attraktive Färbung verleihen. Unter den einheimischen Fischen eignet sich der Schlammpeitzger besonders gut als Aquarienfisch. Er gehört nach den Roten Listen der Bundesländer und Deutschlands zu den bedrohten Arten. Allerdings ist zu vermuten, daß es noch zahlreiche unentdeckte Vorkommen gibt, da sich diese Art nicht repräsentativ mit den üblicherweise bei fischereilichen Bestandsaufnahmen verwendeten Methoden (z.B. Elektrofischerei) nachweisen läßt.

Schlammpeitzger besiedeln langsam fließende oder stehende Gewässer. Sie können auch in Tümpeln überdauern, die regelmäßig austrocknen. Im feuchten Schlamm eingegraben, können sie in dieser Ruhephase ihren Sauerstoffbedarf über die Haut decken. An die starke Erwärmung, die in den von ihnen besiedelten Kleingewässern in den Sommermonaten auftreten kann, sind sie besonders angepaßt. Bei Sauerstoffmangel können sie zusätzlich über den Darm atmen. Hierfür schwimmen sie an die Wasseroberfläche, schlucken Luft und pressen diese in eine stark durchblutete Aussackung des Enddarms. Schlammpeitzger halten sich bevorzugt an verkrauteten Ufern bzw. Gewässern mit weichem Grund auf. In diesen graben sie sich bei Gefahr ein. Sie ernähren sich von einem breiten Spektrum an tierischen Benthonorganismen. Schlammpeitzger sind überwiegend dämmerungs- und nachtaktive Tiere mit bodenorien-

Der Steinbeißer gehört zu den Schmerlen. Foto: J. Schmidt

tierter Lebensweise. Tagsüber halten sie sich meist im weichen Grund oder zwischen Wasserpflanzen verborgen. In der Literatur wird oft beschrieben, daß Schlammpeitzger vor einem nahenden Gewittern besonders aktiv sind, und daß sie deshalb auch als Wetterfische bezeichnet wurden.

Pflege und Zucht

Schlammpeitzger sollten in dicht bepflanzten Aquarien gepflegt werden. Sie eignen sich auch für Gesellschaftsaquarien mit einheimischen Fischarten und können 20 bis 30 cm lang werden. Als geschützte Kleinfischart dürfen sie nicht einfach in heimischen Gewässern gefangen werden. Schlammpeitzger werden mittlerweile auch als Besatzfische für Angelgewässer gezüchtet und im einschlägigen Handel für Angler angeboten. In Teichen vermehrte Exemplare werden gelegentlich auch als Kaltwasserfische für Gartenteiche oder Aquarien angeboten. Schlammpeitzger stellen keine hohen Ansprüche an die Wasserqualität, vertragen langfristig die Haltung bei Zimmertemperaturen und können mit üblichem Lebendfutter wie Tubifexwürmern und Mückenlarven aber auch mit gefrorenem Ersatzfutter ernährt werden. Im Gesellschaftsaquarien sind sie für die Vertilgung von Futterresten geeignet, da sie besonders nachts mit Hilfe ihrer Barteln den Grund nach Nahrung durchsuchen. In Gesellschaftsaquarien muß darauf geachtet werden, daß für die Schlammpeitzger genug Nahrung am Grund übrig bleibt. Schlammpeitzger sollten mit ruhigen Karpfenfischen wie Schleie, Karausche und Rotfeder vergesellschaftet werden, da sie relativ scheu sind. Die genannten Fischarten passen sowohl im Hinblick auf ihre Ansprüche an die Pflegebedingungen als auch bezüglich ihres gemeinsamen Vorkommens in einheimischen Gewässern zusammen. Desweiteren ergänzen sie sich im Hinblick auf die Färbung. Für die Nachzucht sollten Aquarien mit einem Fassungsvermögen von über hundert Litern verwendet werden. Bei Fischen, die bei niedrigen Temperaturen überwintert haben, stellt sich in dicht bepflanzen Aquarien die Laichstimmung mit größerer Wahrscheinlichkeit ein. Schlammpeitzger sollten eine mehrmonatige Winterruhe bei Temperaturen zwischen 4 und 8 °C einlegen. Für die Überwinterung eignen sich in kühlen Kellern und dunkel aufgestellte Aquarien, bei denen der Grund mit feinkörnigem Sand bedeckt ist.

Steinbeißer

Der ebenfalls zu den Schmerlen gehörende Steinbeißer, *Cobitis taenia*, hat einen langgestreckten, schlanken, seitlich leicht abgeflachten Körper und wird zwischen sechs und zehn Zentimeter groß. Er hat eine graugelbe Grundfärbung und zahlreiche braune Flecken, die sich zum Teil in Form dunkler Längsbinden ineinander übergehen und ihm eine attraktive Erscheinung verleihen. In Europa kommen

mehrere Arten und Unterarten vor, die in ihrer Färbung variieren. Die Männchen lassen sich von den Weibchen durch ihren verdickten zweiten Strahl der Brustflosse unterscheiden.

Steinbeißer, Cobitis taenia LINNAEUS, *1758, sind gesellige Aquarienfische mit bodenorientierter Lebensweise.*

Steinbeißer sind überwiegend dämmerungs- und nachtaktiv. Sie kommen sowohl in fließenden als auch in stehenden Gewässern vor. Im Aquarium gewöhnt er sich auch an eine tagaktive Lebensweise. Der Steinbeißer lebt ausgesprochen bodenorientiert, nur selten läßt er sich freischwimmend beobachten. Seine Nahrung besteht aus kleinen Krebsen und Würmern sowie aus Detritus. Bei der Nahrungssuche durchkaut er das feine Sediment und stößt Sand- und andere unverdauliche Partikel durch die Kiemenöffnung aus. Der Steinbeißer hat ein kleines, von sechs kurzen Barteln umgebenes Maul. Er ist auf die Verwertung kleiner Organismen der Sandlückenfauna spezialisiert und vermeidet so die Nahrungskonkurrenz mit anderen heimischen Fischen.

Steinbeißer bevorzugen seichte Uferregionen mit feinem Sandgrund, kommen jedoch auch auf schlammigem Grund vor. Im Hinblick auf die Wasserqualität und die Beschaffenheit des Gewässergrundes ist er anpassungsfähiger als bisher angenommen. So kommt er auch in Kanälen der norddeutschen Tiefebene vor. Da er zu den geschützten Fischarten gehört, darf er nicht aus natürlichen Gewässern entnommen werden.

Steinbeißer haben ein relativ kleines Maul und müssen deshalb mit entsprechend kleinem Futter ernährt werden.

Pflege und Zucht

Der Steinbeißer sollte nicht einzeln im Aquarium gepflegt werden, da er gesellig ist und sich in einer kleinen Gruppe von mindestens drei bis vier Exemplaren weniger scheu verhält. Als Aquariengrund ist feiner Sand oder feinkörniger Kies geeignet. Er versteckt sich gern unter großen Kieselsteinen oder in einer dichten Hintergrundbepflanzung. Der Steinbeißer kann zusammen mit kleinen, heimischen Aquarienfischen wie Moderlieschen, Bitterlingen oder Gründlingen gepflegt werden. Als Mindestgröße wird ein 80 Liter fassendes Aquarium empfohlen. Der Steinbeißer kann relativ problemlos mit Tubifexwürmern oder kleinen Mückenlarven ernährt werden. Er gewöhnt sich relativ leicht an Frostfutter oder Ersatznahrung in Form von Tabletten. Eine starke Belüftung des Aquariums über einen an einen Membranpumpe angeschlossenen Kieselgur- oder Lindenholzausströmer fördern sein Wohlbefinden.

Für die Nachzucht sollten Exemplare verwendet werden, die mit einer ausgedehnten Ruhephase überwintert haben. Danach wird die Wassertemperatur langsam auf 16 °C erhöht. Unter optimalen Pflegebedingungen stellt sich die Fortpflanzungsbereitschaft ein. Die Laichzeit tritt in der Natur ab Ende April ein. Der Laich wird in Form kleiner Klumpen abgelegt. Die Aufzucht der nach etwa einer Woche nach der Eiablage schlüpfenden Larven bleibt jedoch erfahrenen Aquarianern vorbehalten. Die Zucht hat in einem Artaquarium die größte Aussicht auf Erfolg. Geriebenes Eigelb von hartgekochten Eiern oder suspendierte Hefe eignen sich als Futter für die Aufzucht der Fische. Die Nahrung muß kontinuierlich in kleinen Mengen angeboten werden, da sich nicht aufgenommenes Futter schnell zersetzt und zu einer Beeinträchtigung der Wassergüte führen kann. Durch eine kurze Unterbrechung der Filterung und Belüftung des Aquariums, nach Zugabe des angebotenen Futters, läßt sich gewährleisten, daß es bis zum Grund sinken und dort von den Steinbeißern aufgenommen werden kann. Größere Mengen nicht aufgenommenen Futters müssen abgesaugt werden, um dessen schnell einsetzenden und die Wassergüte beeinträchtigenden Abbau zu vermeiden. Die Jungfische reagieren empfindlich auf Sauerstoffmangel und Temperaturerhöhungen über 18 °C.

Bachschmerle. Foto: J. Schmidt

Bachschmerle

Die Bachschmerle, *Barbatula barbatula*, hat einen länglichen, im Querschnitt weitgehend runden Körper. Ihr unterständiges, kleines Maul ist von sechs Barteln umgeben. Sie ist innerhalb ihres natürlichen Verbreitungsgebiets relativ variabel gefärbt. Ihre Oberseite ist mehr oder minder fein, dunkelgelb und braun marmoriert, ihre Unterseite ist nicht gemustert und weiß oder gelblich gefärbt. Schmerlen leben bodenorientiert in Bächen und Flüssen, seltener auch in Seen mit klarem Wasser und hartem Grund. In der Natur verhalten sie sich überwiegend dämmerungs- und nachtaktiv. Sie vertragen Wassertemperaturen um 22 °C und können deshalb erfolgreich bei Zimmertemperaturen in Aquarien gehalten werden. Kurzfristig können sie auch höhere Wassertemperaturen überdauern, da sie niedrige Sauerstoffkonzentrationen im Wasser vorübergehend durch eine zusätzliche Atmung über an der Wasseroberfläche aufgenommene und in eine Aussackung des Enddarms gepreßte Luft überstehen können. Diese Form der „Darmatmung“ ist bei Schmerlen verbreitet.

Haltung und Zucht

Schmerlen sollten in Aquarien gepflegt werden, die ausreichend belüftet sind und deren Grund aus einer mindestens fünf Zentimeter hohen Schicht aus feinem, gewaschenem Kies oder Sand

bedeckt ist. Nach einer kurzen Eingewöhnungszeit verhalten sie sich im Aquarium tagaktiv und weniger scheu, wenn ihnen Versteckmöglichkeiten in Form größerer Steine, Wurzeln oder Wasserpflanzen geboten werden. Schmerlen sollten mit kleinen, heimischen Aquarienfischen, wie beispielsweise Elritzen, vergesellschaftet werden.
Schmerlen lassen sich problemlos mit dem üblichen, zur Haltung von Aquarienfischen verwendeten Futter ernähren. Sie gewöhnen sich leicht an angebotenes Frost- oder Trockenfutter. Auf eine regelmäßige Fütterung mit lebenden Wasserflöhen oder Mückenlarven sollte allerdings nicht verzichtet werden. Die Nachzucht gelingt natürlich am besten in Aquarien, in denen die Bedingungen an die Bedürfnisse der Schmerle angepaßt wurden. In einem hundert Liter fassenden Aquarium können fünf bis zehn Exemplare gehalten werden. Sie zeigen ein nicht nur für Aquarianer interessantes Laichverhalten. Die Elterntiere legen ihre klebrigen Eier nach einem lebhaften Balzspiel eng umschlugen an Steinen oder Wasserpflanzen ab. Die Larven schlüpfen nach etwa einer Woche und können zunächst mit geschlüpften Nauplien, des Salinenkrebschens, *Artemia salina*, und nach etwa sechs bis acht Wochen mit Wasserflöhen oder Mückenlarven gefüttert werden.

Bachschmerle, Barbatula barbatula *(LINNAEUS, 1758). Foto: J. Schmidt*

Die Bachschmerlen lassen sich problemlos mit dem üblichen, zur Haltung von Aquarienfischen verwendeten Futter ernähren.

Jungfisch der Quappe, Lota lota *(*LINNAEUS, *1758).*

Quappe

Die Quappe, *Lota lota*, ist der einzige Vertreter aus der Familie der Dorsche, Gadidae, der als Süßwasserfisch in heimischen Binnengewässer vorkommt. Das vordere Drittel ihres Körpers ist horizontal, der hintere Bereich seitlich abgeflacht. Sie ist an der für Dorsche typischen Bartel am Unterkiefer erkennbar. Sie hat zwei Rückenflossen und Bauchflossen, die deutlich vor den Brustflossen sitzen. Ihre Schuppen sind klein und mit dem bloßen Auge kaum zu erkennen. Die hell- und dunkelbraune Marmorierung verleiht ihr ein attraktive Färbung. Über die natürliche Lebensweise der Quappe ist relativ wenig bekannt. Sie besiedelt fließende und stehende Gewässer und bevorzugt kühles, sauerstoffreiches Wasser sowie harten Grund. Quappen leben zurückgezogen und bodenorientiert. Sie sind überwiegend dämmerungs- und nachtaktiv. Ihre Bestände haben sich in zahlreichen Gewässern rückläufig entwickelt, was ihre Zuordnung in den Gefährdungskategorien von regionalen und überregionalen Roten Listen begründet. Quappen können bis 60 cm, in Ausnahmefällen bis ein Meter lang werden. Da keine nachgezüchteten Quappen über den einschlägigen Handel erworben werden können, ist die Beschaffung von Jungfischen, die sich für die Pflege in Zimmeraquarien eignen, schwierig. Am aussichtsreichsten ist die Anfrage bei Fischern, die in Quappengewässern mit Reusen fischen. Interessierte Aquarianer pflegen die Quappe am besten in einem Artaquarium, das entsprechend ihrer Bedürfnisse eingerichtet ist. Sie beansprucht Kiesgrund sowie zahlreiche Verstecke, die mit großen Steinen, Moorkienholz oder ähnlichem Dekorationsmaterial geschaffen werden können. Damit sie auch tagsüber beim Schwimmen beobachtet werden können, empfiehlt sich eine schwache Beleuchtung des Aquariums. Um die Ansprüchen der Quappe an die Wassergüte zu befriedigen, muß eine starke Kreiselpumpe für eine intensive Wasserumwälzung sorgen. Eine direkte Sonneneinstrahlung oder die Aufstellung des Aquariums in beheizten Räumen ist zu vermeiden. Eine zusätzliche Belüftung über eine Luftpumpe und einen handelsüblichen Kieselgur-Ausströmer fördert des Gasaustausch und damit die Anreicherung des Aquarienwasser mit Sauerstoff. Quappen bevorzugen Lebendfutter. Kleinere Exemplare können mit Mückenlarven und Tubifexwürmern, größere mit Regenwürmern oder kleinen Fischen gefüttert werden. Die Nachzucht von Quappen ist in Zimmeraquarien wahrscheinlich unmöglich. In der Natur laichen Quappen in den Wintermonaten. Der Laich eines Weibchens kann je nach Körpergewicht über eine Million Eier umfassen.

Aal

Der Aal, *Anguilla anguilla*, hat einen, wie allgemein bekannt, schlangenförmigen Körper mit kleinen kaum sichtbaren Schuppen. Seine Rücken-, Schwanz- und Afterflosse bilden einen durchgehenden Flossensaum, die paarigen Bauchflossen sind reduziert. Er ist nicht nur als Angel und Speisefisch von Bedeutung, er gehört auch zu den wissenschaftlich interessantesten und geheimnisvollsten heimischen Fischarten. Der Aal ist der einzige katadrome Wanderfisch in heimischen Gewässern, das heißt er wandert zur Fortpflanzung ins Meer und zieht in die Flüsse stromauf, um im Süßwasser der Binnengewässern heranzuwachsen. Von dort aus ziehen die geschlechtsreif werdenden erwachsenen Exemplare flußabwärts ins Meer und wandern in den zentralen Atlantik, wo sie in der sogenannten Sargassossee in großer Tiefe laichen und daran anschließend sterben. Das heißt, der Aal läßt sich weder in Aquarien noch in Binnengewässern züchten. Die geschlüpften Larven haben eine für die Familie typische Weidenblattform, treiben mit dem Golfstrom über den Atlantik und vollziehen in den Schelfbereichen der europäischen und nordafrikanischen Küsten eine Metamorphose, bei der sie sich in die sogenannten Glasaale umwandeln. Diese werden in großen Mengen gefangen, um sie als wirtschaftlich wichtige Speisefische in Binnengewässern einzusetzen. Über Angler, Fischereianstalten oder Fischer können Glasaale für die Pflege in Aquarien erworben werden. Wie die flußaufwärts ziehenden Glasaale entwickeln sich die Aquarienfische zu Steigaalen. Diese unterscheiden sich durch die einsetzende Pigmentierung. Sie lassen sich problemlos mit lebenden oder gefrosteten Mückenlarven oder Tubifexwürmern ernähren und wachsen relativ rasch heran. Im Hinblick auf die Wasserqualität und -temperatur ist der Aal ausgesprochen anpassungsfähig. Er kann langfristig bei Zimmertemperaturen gepflegt werden, ist jedoch überwiegend dämmerungs- und nachtaktiv. Da sich Aale selbst durch kleinste Öffnungen zwängen können, ist eine dicht schließende und schwere Glasabdeckung erforderlich, um Verluste zu vermeiden. Bei Glasaalen sollten die üblicherweise verwendeten Ansaugstutzen für das Filterwasser mit einem Netz oder Nylonstrumpf überzogen werden, um zu verhindern, daß Pfleglinge aufgrund ihres geringen Körperdurchmessers über die Ritzen in den Filter gezogen werden. Aale benötigen Versteckmöglichkeiten und Sand oder feinen Kies als Aquariengrund, in den sie sich auch eingraben. Oft läßt er sich auch tagsüber mit dem Kopf aus dem Grund ragend beobachten. Aufgrund ihrer wühlenden Tätigkeit und ihrer schlängelnden Schwimmbewegungen eignen sich nur stark wurzelnde Wasserpflanzen zur Dekoration des Aquariums. Die Wurzelbereiche können gegebenenfalls mit entsprechend arrangierten Steinen geschützt werden. Für die Pflege in Zimmeraquarien zu groß gewordene Exemplare können in den Sommermonaten in Flüssen ausgesetzt werden. Dies sollte jedoch in Absprache mit den Fischereiberechtigten oder mit den zuständigen Fischereibehörden erfolgen. Aale sollten im Aquarium nicht mit kleinen Fischen wie Bitterlingen vergesellschaftet werden, da sie diese durchaus fressen können.

In den Mündungsbereichen der Süßwasserflüsse an den Küsten wandeln sich die Glasaale in Steigaale um, die sich mit der Nahrungsaufnahme pigmentieren und deshalb dunkel gefärbt sind.

Ein Gruppe jüngerer Aale in ihrem gemeinsamen Versteck. Foto: M.-P. & C. Piednoir

Heranwachsender Aal, Anguilla anguilla (LINNAEUS, *1758), im Aquarium.*

Am Kontinentalschelf der Küsten wandeln sich die Larven des Aals in Glasaale um, die nicht pigmentiert sind und sich im Mündungsbereich von Flüssen an das Süßwasser anpassen.

Der Wels oder Waller, Silurus glanis LINNAEUS, *1758, wird für Zimmeraquarien zu groß.*

Wels

Der Wels, *Silurus glanis*, ist der größte Vertreter der einheimischen Süßwasserfische. Er kann bis drei Meter lang und bis 80 Jahre alt werden. Sein Körperbau ähnelt dem der Quappe. Der Wels hat einen großen, horizontal abgeflachten Kopf mit kleinen Augen sowie ein großes Maul an dem sich insgesamt sechs lange Barteln befinden. Die Schwanz- und die Rückenflosse bilden einen Flossensaum, die relativ kleine Rückenflosse sitzt ziemlich weit vorn am Körper. Er lebt bodenorientiert sowie dämmerungs- und nachtaktiv in Flüssen und Seen. Erwachsene Exemplare ernähren sich räuberisch. Welse werden im einschlägigen Handel als Jungfische für den Besatz von Gewässern angeboten. Diese können auch für die Pflege in Aquarien erworben werden. Welse lassen sich nicht in Aquarien züchten und sollten in einem Artaquarium gepflegt werden, da sie sich schlecht mit anderen Fischen vergesellschaften lassen. Sie beanspruchen ein entsprechend großes Aquarium mit Versteckmöglichkeiten und müssen mit Lebendfutter ernährt werden. Für die Fütterung größerer Exemplare benötigt der Aquarianer lebende Fische. Da die artgerechte Pflege von Welsen aufwendig ist, die Fütterung mit lebenden Fischen einschließt und die gepflegten Exemplare meist für das Aquarium zu groß werden, wird von der Anschaffung dieser Fische abgeraten. Welse können in vielen Schauaquarien mit heimischen Fischen beobachtet werden.

Der Schwarze Zwergwels, Ictalurus melas *(LESUER, 1819) wird häufig mit* I. nebulosus *verwechselt.*

Zwergwelse oder Katzenwelse

Im „Kaltwassersortiment" des Fachhandels für Aquarien oder Gartenteiche werden häufig ursprünglich in Nordamerika beheimatete Zwerg- oder Katzenwelse angeboten, die zur Gattung *Ictalurus* gehören: der Zwergwels, *I. nebulosus*, der Schwarze Zwergwels, *I. melas*, und der Marmorzwergwels, *I. punctatus*. Diese Zwerg- oder Katzenwelse tragen acht Barteln am Maul. Obwohl diese Arten im Vergleich zum heimischen Wels deutlich kleiner bleiben und als anspruchslose Pfleglinge gelten, die eine langfristige Pflege bei Zimmertemperatur tolerieren, wird ihre Anschaffung nicht empfohlen, da diese Welse oft in heimischen Gewässern ausgesetzt werden und sich dort als Laich- und Bruträuber oder Nahrungskonkurrenten negativ auf die Bestände heimischer Fischarten auswirken können.

Hinweis: Das Aussetzen von Zwergwelsen in heimische Gewässer ist verboten!

Zwergwelse leben bodenorientiert sowie dämmerungs- und nachtaktiv. Sie sollten nicht mit kleinen Fischen vergesellschaftet werden, da sie Beute fressen können, die halb so groß ist wie sie selbst.

Der Zwerg- oder Katzenwels, Ictalurus nebulosus *(LESUER, 1819) ist ursprünglich in Nordamerika beheimatet und wird häufig als Besatz für Aquarien angeboten.*

Die Beute erbeutet der Hecht mit einem gezielten Stoß aus dem Stand.

Hecht

Für den Hecht, *Esox lucius*, erübrigt sich eine detailierte Beschreibung seiner Merkmale. Er gehört zu den bekanntesten heimischen Fischen. Er repräsentiert nach dem Wels die zweitgrößte heimische Fischart. Männchen können über einen Meter, Weibchen über 1,5 m lang werden. Der Hecht bevorzugt langsam fließende und stehende Gewässer mit klarem Wasser und verkrauteten Ufern, in deren Deckung er auf Beute lauert. Mit seinem torpedoförmigen Körper und der weit hinten am Körper ansetzenden Rücken- und Afterflosse ist er ein angepaßter Stoßjäger. Er verfolgt seine Beute nicht, sondern ergreift sie aus dem Stand heraus mit einem blitzartigen Stoß. Mit seinem weiten Maul kann er vergleichsweise große Beutetiere fressen. Erwachsene Exemplare ernähren sich in der Natur hauptsächlich von Fischen, gelegentlich auch von Fröschen oder Wasservögeln. Hechte verschmähen auch Artgenossen nicht. Der Hecht ist für das natürliche Räuber-Beute-Gleichgewicht in der Nahrungskette heimischer Gewässer von herausragender Bedeutung. Über seinen Fraßdruck reguliert er die Bestände von anpassungsfähigen Karpfenfischen und wirkt so deren Massenentwicklung entgegen. Der Hecht laicht im zeitigen Frühjahr an seichten, verkrauteten Ufern oder auf vom Frühjahrshochwasser der Flüsse überschwemmten Wiesen. Da solche Laichhabitate vielerorts im Zuge des Gewässerausbaus stark dezimiert wurden, kann er sich in vielen Gewässern nicht mehr hinreichend auf natürliche Weise vermehren. Aufgrund seiner wirtschaftlichen Bedeutung als Angel- und Speisefisch sowie seiner regulierenden Rolle als Fischfresser werden die Hechtbestände in vielen heimischen Gewässern durch Besatz gestützt. Hierfür werden laichreife Hechte schonend gefangen und die Geschlechtsprodukte durch Abstreifen gewonnen. Die durch vorsichtigen Druck auf die Flanken ausgepreßten Eier (Rogen) werden in Wannen gesammelt und mit dem Sperma (Milch) der Männchen vermengt. Die befruchteten Eier werden in sogenannte Zugergläser überführt, die von unten belüftet werden können. Nach dem Schlüpfen heften sich die Larven an das Substrat, bis ihr Dottervorrat aufgebraucht ist. Nach dem Freischwimmen können sie in große Aquarien gesetzt und mit Wasserflöhen angefüttert werden. Über Fischzuchtbetriebe oder Teichwirte lassen sich junge Hechte, die normalerweise für den Besatz von Gewässern (Setzlinge) vermehrt wurden, auch für die Pflege in Aquarien erwerben. Gelegentlich werden junge Hechte als Besatz für Gartenteiche angeboten.

Pflege und Zucht

Hechte sind ausgesprochene Einzelgänger, die auch zum Kannibalismus neigen. Aus diesem Grund muß man Hechte einzeln pflegen. Eine Vergesellschaftung mit anderen Fischen ist nur möglich, wenn diese die Größe des Hechts erreichen oder übertreffen und das Aquarium ein entsprechendes Volumen hat. Die Größe der Beute, die von Hechten im Verhältnis zu ihrer Körperlänge gefressen werden kann, versetzt einen in Erstaunen. Sie schnappen auch Fische, die sie nicht auf einmal verschlucken kön-

Der Hecht benötigt ein dicht bepflanztes Aquarium, in dem er auf Beute lauern kann.

nen. Während der im Magen befindliche Teil bereits verdaut wird, kann der Rest über Stunden oder Tage aus dem Maul heraus hängen. Obwohl der Hecht keinen ausgedehnten Schwimmraum beansprucht und meist in seinem Einstand lauert, ist für seine artgerechte Pflege ein großes Aquarium mit einem Fassungsvolumen von mehr als 300 Liter notwendig. Dieses sollte dicht bepflanzt werden, um eine verkrautete Uferregion nachzuahmen. Ein im Pflanzendickicht lauernder Hecht ist eine besondere Augenweide. Hechte wachsen bei Zimmertemperatur und ausreichender Ernährung in Form von Fischen, relativ rasch. Im Aquarium können sie innerhalb eines Jahres bis 25 cm lang werden. Die Vermehrung von Hechten im Aquarium ist nicht möglich, da sie dort nicht ihr natürliches Laichverhalten zeigen. Die Aufzucht von Jungfischen ist dagegen relativ einfach. Wer den Hecht im Aquarium pflegen will, muß sich darüber im Klaren sein, daß er raschwüchsig und gefräßig ist. Er läßt sich auch an die Ernährung mit toten Fischen gewöhnen, bevorzugt jedoch lebende Beute. Da Hechte auch aus dem Wasser springen, ist die Abdeckung des Aquariums mit einer Glasscheibe erforderlich.

Hundsfisch

Die Familie der Hundsfische, Umbridae, ist mit den Hechten, Esocidae, verwandt. Neben dem im Einzugsgebiet der Donau und Südosteuropa vorkommenden Europäischen Hundsfisch, *Umbra krameri*, eignen sich auch aus Nordamerika stammende Hundsfischarten wie *U. pygmaea* und *U. limi* aufgrund ihrer Anpassungsfähigkeit und ihrer geringen Körpergröße – sie werden kaum größer als zehn Zentimeter – besonders für die Pflege in Aquarien. Die verwilderten oder eingebürgerten Bestände amerikanischer Hundsfischarten, die vereinzelt in europäischen Gewässern nachgewiesen werden, gründen wahrscheinlich auf freigelassenen Aquarienfischen.

Hundsfische besiedeln in der Natur Sumpfgewässer, die sich in der Nähe von Flüssen befinden, bei Hochwasser überflutet werden, und bei Niedrigwasser austrocknen können. Die Bestände des Europäischen Hundsfischs sind in weiten Teilen des ursprünglichen Verbreitungsgebiets erloschen oder dramatisch rückläufig, was auf die Trockenlegung der von ihnen besiedelten Gewässer zurückgeführt wird. In Anpassung an die Besiedlung solcher Extrembiotope sind Hundsfische im Hin-

Frischgeschlüpfte Hechtlarven mit Dottersack.

Hundsfisch, Umbra krameri (WALBAUM, *1792).*

blick auf die Güte und Temperatur des Wassers ausgesprochen anpassungsfähig. Sie tolerieren selbst Wassertemperaturen bis 30 °C. Bei Sauerstoffmangel im Wasser können sie zusätzlich (akzessorisch) über die Schwimmblase atmen. Hierfür verschlucken sie an der Wasseroberfläche Luft und pressen diese über einen Gang vom Darm in die Schwimmblase. Die Beschaffung von Europäischen Hundsfischen ist schwierig, da sie auch in Ungarn und Rumänien selten geworden sind und deshalb unter Schutz stehen.

Pflege und Zucht

Hundsfische können auch in kleinen Aquarien ab 60 Liter Fassungsvermögen erfolgreich bei Zimmertemperaturen gepflegt und vermehrt werden. Sie stellen keine besonderen Ansprüche an die Wasserwerte und erweisen sich unter Aquarienbedingungen als ausgesprochen zählebig. Sie bevorzugen Lebendfutter, lassen sich jedoch auch an gefrorene Wasserflöhe und Mückenlarven gewöhnen. Da sie auch zum Kanibalismus neigen, können nur annähernd gleich große Fische miteinander vergesellschaftet werden. In Anlehnung an ihre natürlichen Biotope empfiehlt sich bei der Gestaltung eines Aquariums für Hundsfische eine dichte Bepflanzung und die Verwendung von Sand als Bodengrund. Diesem kann auch Torf beigemengt werden. Eine starke Umwälzung des Aquarienwassers ist nicht erforderlich. In der Natur erstreckt sich die Laichzeit von Februar bis April. Im Aquarium kann die Laichzeit früher einsetzen, wobei der bis 200 Eier umfassende Laich vom Weibchen in einem primitiven Nest abgelegt wird, das es in Form einer Kuhle in dichten Pflanzenbeständen oder Torffasern formt. Die geschlüpfte Brut benötigt kleines Lebendfutter. Bei artgerechter Pflege können Hundsfische im Aquarium bis acht Jahre alt werden.

FAMILIE BARSCHE

Die Familie der Barsche, Percidae, ist mit mehreren Arten in heimischen Gewässern vertreten. Sie tragen sogenannte Kammschuppen, die mit kleinen Zähnchen besetzt sind. Diese verleihen den Barschen eine Oberfläche, die sich wie Sandpapier anfühlt. Am bekanntesten sind Barsch, Zander und Kaulbarsch, die in Mitteleuropa weit verbreitet sind und relativ häufig vorkommen. Darüberhinaus gibt es vier Arten, die ausschließlich im Einzugsgebiet der Donau vorkommen und dort selten geworden sind: Donaukaulbarsch, Zingel, Streber und Schrätzer. Diese vier Arten werden im Folgenden unter dem Begriff „Donaubarsche" zusammengefaßt.

Barsch, Perca fluviatilis LINNAEUS, *1758.*

Barsche benötigen große Aquarien. Foto: M.-P. & C. Piednoir

Barsch

Der Barsch, *Perca fluviatilis*, wird häufig auch als Flußbarsch bezeichnet und gehört zu den häufigsten heimischen Fischarten. Er besiedelt sowohl strömende als auch stehende Gewässer und ist im Hinblick auf die Wassergüte, die Uferstruktur und das Nahrungsangebot extrem anpassungsfähig. Er hat zwei voneinander getrennte Rückenflossen, wobei die vordere von Stachelstrahlen gestützt wird und am hinteren Rand einen auffälligen schwarzen Fleck trägt. Sowohl die sechs bis neun dunklen Binden, die sich vom Rücken über die Flanken erstrecken, als auch die roten Flossen verleihen ihm ein attraktives Aussehen. Die Grundfärbung des Körpers kann bei Individuen aus verschiedenen Gewässern variieren. Barsche können in der Natur bis über 40 cm lang werden, ihre durchschnittliche Größe liegt allerdings deutlich darunter.

Pflege und Zucht

Barsche bevorzugen lebende Nahrung und fressen in der Natur sowohl wirbellose Kleintiere als auch Fische. Ihr ausgeprägtes Anpassungsvermögen begünstigt ihre Pflege in Aquarien. Empfehlenswert ist die Pflege von Jungfischen in einem kleinen Schwarm. In der Natur jagen junge Barsche oft gemeinsam. Dabei treiben sie kleine Fische gerichtet in seichte Uferbereiche zusammen, wo sie nicht mehr ausweichen können und dann mit schnellen Schwimmstößen erbeutet werden. Ältere Exemplare entwickeln sich zunehmend zu Einzelgängern, die

Zander, Sander lucioperca (LINNAEUS, *1758)*

größeren Fischen nachstellen, wobei sie auch kleinere Artgenossen nicht verschmähen. Barsche zeigen eine Präferenz für lebendes Futter und sollten möglichst abwechslungsreich ernährt werden. Während für Barsche bis zehn Zentimeter Länge Wasserflöhe und Mückenlarven ausreichen, fressen größere auch Regenwürmer und kleine Fische. Sie lassen sich auch an Frostfutter und geschabtes Rinderherz als Ersatzfutter gewöhnen, wenn die Nahrungsbrokken durch eine starke Wasserumwälzung in der Schwebe gehalten werden und sich bewegen. Auf den Grund gesunkene Nahrung wird kaum beachtet. Da die Anwesenheit von Raubfischen bei den meisten Karpfenfischen Streß verursacht, können diese und andere Kleinfischarten im Aquarium nicht mit Barschen vergesellschaftet werden. Aus diesem Grund wird die Pflege von Barschen in einem Artaquarium empfohlen. Barsche gedeihen langfristig bei Zimmertemperaturen, wobei ihr Wohlbefinden durch eine starke Umwälzung und Belüftung des Aquariumwassers gefördert wird. Das Aquarium kann bepflanzt oder mit toten Materialien wie Moorkienholz oder großen Steinen dekoriert werden. Als Grund eignet sich Kies in unterschiedlicher Körnung.

Für die Nachzucht ist die Verwendung von Elterntieren ratsam, die bei erniedrigten Wassertemperaturen überwintert haben. Nachdem diese durch langsame Zugabe von wärmeren Wasser an Zimmertemperaturen gewöhnt wurden, können sie in ein Aquarium überführt, das einen angemessenen Schwimmraum bietet. Der Barsch ist im Hinblick auf das Laichsubstrat nicht wählerisch. Die erhöhte Wassertemperatur und eine ausgewogene Ernährung fördern den Eintritt der Laichreife. Der Laich wird in Form von Bändern an große Kiesel, Moorkienholz oder kräftige Wasserpflanzen geheftet. Barsche betreiben keine Brutpflege. Der abgelegte Laich kann in ein separates Aquarium überführt werden, damit die nach etwa zwei bis drei Wochen schlüpfende Brut nicht von den Elterntieren gefressen wird. Die Jungfische zehren zunächst von ihrem Dottervorrat und können nach dem Freischwimmen mit *Artemia*-Nauplien oder kleinen (ausgesiebten) Hüpferlingen aufgezogen werden. Je größer die Jungfische werden, desto größer müssen auch die angebotenen Futterorganismen sein. Im Aquarium wachsen Barsche langsamer als in der Natur und bleiben deutlich kleiner.

Der Zander kann auch im unbepflanzten Aquarium gepflegt werden. Foto: bede-Verlag

Zander

Der Zander, *Sander lucioperca*, wird in der Literatur auch mit dem wissenschaftlichen Namen *Stizostedion lucioperca* geführt. Unter den einheimische Vertretern aus der Familie der Barsche kann er am größten werden und eine Länge von über einem Meter erreichen. Er hat einen schlanken, torpedoförmigen Körper, zwei Rückenflossen und ein bis hinter die Augen reichendes Maul, das mit relativ großen Fangzähnen ausgestattet ist. Der Zander ist als Angel- und Speisefisch beliebt, für die Pflege in Zimmeraquarien ist er jedoch nur bedingt geeignet. In der Natur besiedelt er bevorzugt größere Flüsse und Seen. Dort jagt er auch in der Freiwasserregion seine Beute. Erwachsene Exemplare fressen fast ausschließlich Fische. In trüben Gewässern kann er sich sogar besser seiner Beute nähern. Der Zander ist aufgrund seiner Größe nur bedingt für die Pflege in Zimmeraquarien geeignet und kann in diesen nicht vermehrt werden. Er verhält sich im Vergleich zum Barsch eher scheu und meidet hell beleuchtete Bereiche. Aus diesem Grund kann auf eine intensive Beleuchtung verzichtet werden. Die Wassertemperatur sollte nicht über 20 °C liegen. Über eine Kreiselpumpe ist für eine ausreichende Umwälzung des Wassers zu sorgen. Der Zander bevorzugt lebendes Futter und läßt sich nur schwer an Frostfutter gewöhnen. Zander legen keine Winterruhe ein und müssen deshalb auch im Überwinterungsaquarium regelmäßig gefüttert werden.

Kaulbarsch

Der Kaulbarsch, *Gymnocephalus cernuus*, wird nur selten länger als 20 cm und meist erreicht er nur eine Maximallänge unter 15 cm. Damit kann er den heimischen Kleinfischarten zugeordnet werden. Der Kaulbarsch hat einen spindelförmigen, gedrungen wirkenden Körperbau. Das freie Ende des Kiemendeckels mündet in einem spitzen Dorn. Die Rückenflosse ist beim Übergang zwischen den Stachel- und den Weichstrahlen deutlich eingekerbt. Aufgrund seines bronzefarbenen Glanzes ist er als Aquarienfisch ausgesprochen attraktiv. Der Kaulbarsch ist in Flüssen und Seen weit verbreitet. Dort lebt er bodenorientiert und ernährt sich überwiegend von wirbellosen Bodentieren, aber auch von sehr kleinen Fischen.

Pflege und Zucht

Der Kaulbarsch ist im Hinblick auf die Pflegebedingungen relativ anspruchslos. Kleinere Exemplare können mit vergleichbar großen Karpfenfischen vergesellschaftet werden. Er läßt sich auch an Trocken- und Frostfutter gewöhnen, bevorzugt jedoch lebende Mückenlarven und Tubifexwürmer, ja sogar große Regenwürmer und anderes gröberes Futter. Kaulbarsche nehmen ihre Nahrung auch gerne vom Grund auf. Da sie jedoch nicht wühlen, können sie auch in einem bepflanzten Aquarium gepflegt werden. Im Hinblick auf die Wasserwerte und die Wassertemperatur ist der Kaulbarsch anpassungsfähig. In der Natur kommt er auch im Brackwasser vor.

Über die Nachzucht von Kaulbarschen im Aquarium ist kaum etwas bekannt. Sie gelingt wahrscheinlich nur in großen Aquarien. Der Laich wird offen in Form von Klumpen abgelegt.

Kaulbarsche, Gymnocephalus cernuus (LINNAEUS, *1758).*

„Donaubarsche“

Unter diesem Begriff werden im vorliegenden Buch vier relativ klein bleibende Barscharten zusammengefaßt, die im Einzugsgebiet der Donau endemisch sind, das heißt nur dort vorkommen. Der Donaukaulbarsch, *Gymnocephalus baloni*, wurde erst 1974 beschrieben und ist in den meisten Bestimmungsbüchern über heimische Süßwasserfische nicht aufgeführt. Er unterscheidet sich vom Kaulbarsch durch seinen gedrungener wirkenden Körperbau und seine graue Grundfärbung. Der zur gleichen Gattung gehörende Schrätzer, *G. schreatzer*, ist relativ auffällig und unverwechselbar gezeichnet. Er hat eine hellbraune bis gelbe Grundfärbung und auf jeder Seite vier, zum Teil unterbrochene blaue Linien, die von den Kiemen bis zur Schwanzwurzel reichen. Weiterhin gibt es den Streber, *Zingel streber*, und den Zingel, *Z. zingel*, die nicht einfach zu unterscheiden sind. Beide Arten haben einen spindelförmigen Körper, zwei Rückenflossen und einen dünnen Schwanzstiel. Letzterer ist beim Zingel kürzer als der Ansatz der zweiten Rückenflosse und beim Streber gleich lang. Weiterhin sind beide Arten ähnlich gefärbt. Den genannten vier Barscharten ist gemeinsam, daß sie zu den vom Aussterben bedrohten Fischarten gehören. Der Rückgang ihrer Bestände hat vielfältige Ursachen. Lokal sind ihre Bestände bereits erloschen. Alle genannten Donaubarsche leben bodenorientiert sowie dämmerungs- und nachtaktiv. Da diese geschützten Fischarten den Heimatgewässern nicht entnommen werden dürfen und nicht über den Handel erworben werden können, ist der legale Erwerb dieser Fische kaum möglich. Um nicht unabsichtlich für die Pflege dieser geschützten Fischarten zu werben, wird an dieser Stelle auf Hinweise für ihre Pflege und Zucht verzichtet. Wer diese Fischarten im Aquarium kennenlernen und beobachten möchte, dem wird der Besuch des Aquariums im Innsbrucker Alpenzoo empfohlen.

Der Donaukaulbarsch, Gymnocephalus baloni *(*HOLCIK & HENSEL*, 1974) wurde erst vor kurzem entdeckt und ist in den meisten Bestimmungsbüchern nicht abgebildet.*

Der Schrätzer, Gymnocephalus schraetzer *(*LINNAEUS*, 1758), gehört zu den bedrohten Fischarten.*

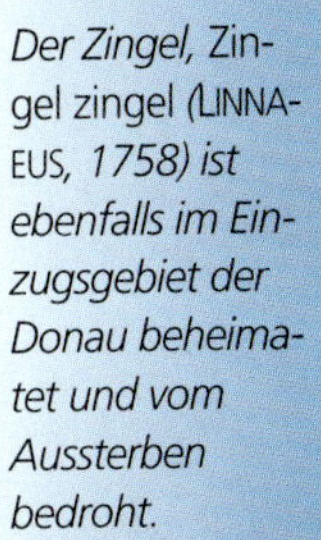

Der Zingel, Zingel zingel *(*LINNAEUS*, 1758) ist ebenfalls im Einzugsgebiet der Donau beheimatet und vom Aussterben bedroht.*

Der Streber, Zingel streber *(*SIEBOLD*, 1863) kommt nur im Einzugsgebiet der Donau vor und ist vom Aussterben bedroht.*

Der Sonnenbarsch, Lepomis gibbosus *(*LINNAEUS, *1758), ist ursprünglich in Nordamerika beheimatet und gelangte als Besatz in heimische Gewässer. Foto: M.-P. & C. Piednoir*

Sonnenbarsch

Der Sonnenbarsch, *Lepomis gibbosus*, kommt in vielen heimischen Gewässern vor, gehört jedoch nicht zur heimischen Fischfauna, sondern ist ursprünglich in Nordamerika beheimatet. Durch Besatz eingebürgerte Sonnenbarsche können sich als Laich- und Bruträuber sowie als Nahrungskonkurrent negativ auf heimische Fischarten auswirken. Darüberhinaus wird der Sonnenbarsch häufig als „Kaltwasserfisch" im Zoofachhandel angeboten. Wer sich Sonnenbarsche anschafft, sollte sich darüber im Klaren sein, daß er diese nicht in heimische Gewässer einsetzen darf, wenn sie für das Aquarium zu groß werden! Zur Familie der Sonnenbarsche, Centrarchidae, gehören zwei weitere, ursprünglich in Nordamerika beheimatete Fischarten, die als Angelfische in heimische Gewässern eingesetzt wurden: Der Forellenbarsch, *Micropterus salmoides*, und der Schwarzbarsch, *M. dolomieui*.

Pflege und Zucht

Der Sonnenbarsch ist ein außerordentlich attraktiv gefärbte Fischart, die sich leicht in großen Aquarien bei Zimmertemperaturen pflegen läßt. Er wird im Aquarium selten über 15 cm lang und läßt sich an Trocken- und Frostfutter gewöhnen. Erwachsene Exemplare stellen auch kleinen Fischen nach, was bei der Vergesellschaftung mit anderen Arten zu berücksichtigen ist.
Sonnenbarsche beanspruchen einen ausgedehnten Schwimmraum. In zu kleinen Aquarien verhalten sie sich aggressiv. Die Einrichtung des Aquariums sollte die Abgrenzung von Revieren begünstigen. Als Bodengrund eignet sich Kies. Eine starke Kreiselpumpe für die Umwälzung des Wassers und eine zusätzliche Belüftung über einen Ausströmer fördern sein Wohlbefinden.
Die Nachzucht von Sonnenbarschen ist in großen Aquarien möglich. Die Männchen schlagen mit der Schwanzflosse Gruben in

Sonnenbarsch.

Der Scheibenbarsch, Enneacanthus chaetodon, *stammt ebenfalls aus Nordamerika. Er war früher ein beliebter Aquarienfisch. Foto: M.-P. & C. Piednoir*

den Grund, in der die Weibchen nach lebhaften Balzspielen ihre Eier legen. Der Laich wird von den Eltern bewacht und mit den Flossen befächelt. In Aquarien verhalten sich Männchen gelegentlich aggressiv und vertreiben das Weibchen, das in diesen Fällen umgesetzt werden muß. Obwohl die Männchen auch die geschlüpfte Brut verteidigen, empfiehlt es sich, die freischwimmenden Larven in einem separaten Aquarium aufzuziehen, da sie mit gesiebten Planktonorganismen gefüttert werden müssen und bei den Elterntieren die instinktive Brutpflege mit der Zeit nachläßt und der Beutetrieb bald die Oberhand gewinnt. Sonnenbarsche wachsen bei ausgewogener Ernährung relativ schnell.

Dreistachliger Stichling

Der Dreistachlige Stichling, *Gasterosteus aculeatus*, gehört zu den interessantesten und attraktivsten heimischen Aquarienfischen. Die Männchen sind in der Laichzeit auf der Oberseite schillernd blau und auf der Unterseite leuchtend rot gefärbt. Die Weibchen haben eine marmorierte Oberseite und eine silbrig glänzende Unterseite. Der Dreistachlige Stichling wird im Süßwasser selten über acht Zentimeter lang und gehört damit zu den kleinsten heimischen Arten. Er besiedelt in der Natur sowohl strömende als auch stehende Gewässer und kommt im Süß-, Brack- und Meerwasser vor. Fischökologen unterscheiden im Süßwasser stationäre und anadrom wandernde Populationen. Letztere wachsen im Meer heran und ziehen zum Laichen in Binnengewässern. Stichlinge haben einen spindelförmigen Körper mit endständigem Maul und Knochenplatten in der Haut, welche dachziegelartig die Flanken bedecken. Die vordere Rückenflossen wurde zur Verteidigung umgebildet. Drei verstärkte Stachelstrahlen, die nicht über eine Flossenhaut miteinander verbunden sind, können aufgerichtet werden und so der

Männlicher Dreistachliger Stichling, Gasterosteus aculeatus LINNAEUS, *1758 im Laichkleid.*

Abwehr von Freßfeinden dienen. Dreistachlige Stichlinge sind weit verbreitet und lokal sehr häufig. Sie kommen auch in Gräben und Teichen vor, aus denen sie entnommen werden dürfen. Darüberhinaus werden sie regelmäßig als Besatz für Aquarien oder Gartenteiche angeboten. Dreistachlige Stichlinge sind gesellig und bevorzugen seichte verkrautete Ufer. Im Frühjahr sammeln sie sich in Schwärmen und ziehen in die Laichhabitate.

Dreistachliger Stichling. Foto: M.-P. & C. Piednoir

Pflege und Zucht

Dreistachlige Stichlinge gehörten mit zu den ersten Fischarten, die in Zimmeraquarien gepflegt wurden. Sie lassen sich auch in relativ kleinen Aquarien mit einem Volumen von 60 Liter pflegen und vermehren. Zimmertemperaturen werden problemlos vertragen. Der Dreistachlige Stichling kann sich bezüglich seiner Ernährung den Bedingungen in den jeweils bewohnten Gewässern anpassen und sich von einem breiten Spektrum an wirbellosen Kleintieren ernähren. Er verschmäht auch Detritus oder vegetarische Kost nicht. Dieses Anpassungsvermögen begünstigt seine schnelle Gewöhnung an die üblicherweise zur Ernährung von Aquarienfischen verwendeten Futtersorten. Die Pflege kann ausschließlich auf der Basis von Trocken- und Frostfutter erfolgen. Um die Laichbereitschaft für die Nachzucht zu fördern, ist die Fütterung mit lebenden Wasserflöhen, Mückenlarven und Tubifexwürmern angebracht. Geschlechtsreife Dreistachlige Stichlinge, die im Frühjahr (ab Ende Februar) gefangen wurden oder in Aquarien bei erniedrigten Wassertemperaturen überwintert haben und behutsam in ein Aquarium mit Zimmertemperatur überführt wurden, zeigen in der Regel bereits nach wenigen Tagen ihr berühmtes Fortpflanzungsverhalten. Bevor auf dieses näher eingegangen wird, folgen einige Anmerkungen über die Einrichtung eines Aquariums für die Nachzucht von Dreistachligen Stichlingen.

Bei der Dekoration des Aquariums ist zu berücksichtigen, daß männliche Stichlinge in der Laichzeit Reviere abgrenzen, die sie aggressiv gegen Rivalen verteidigen. In einem Aquarium mit einem Fassungsvermögen von 60 bis 80 Litern sollte nur ein Männchen mit drei bis vier Weibchen vergesellschaftet werden. In Aquarien mit einer Länge von über einem Meter können zwei oder drei Männchen Reviere abgrenzen. Dichte Bestände bildende Wasserpflanzen sind so zu plazieren, daß sie als Sichtbarierre die Abgrenzung von Revieren erleichtern und als Deckung für unterlegene Männchen dienen können, die sonst den permanenten Attacken der überlegenen ausgesetzt sind. Als Bodengrund ist Sand oder feinkörniger Kies geeignet, der spärlich mit Torffasern bedeckt wird. Im Zentrum der Reviere bauen die Männchen am Grund ein Nest in Form einer Höhle aus Pflanzenteilen, die mit einem Nierensekret verklebt werden. Feingliedrige Wasserpflanzen und Torffasern erleichtern die Beschaffung von Nistmaterial. Obwohl Dreistachlige Stichlinge robust auf eine Ver-

Oben links: *Ein laichbereits Weibchen des Dreistachligen Stichlings mit vom Laich aufgetriebenem Bauch.*

Rechte Spalte: *Ein balzendes Männchen, Nestbau und Brutpflege beim Dreistachligen Stichling. Fotos: G. Schmelzer*

schlechterung der Wassergüte reagieren, ist die Umwälzung und Belüftung des Aquarienwassers sinnvoll, um für die Nachzucht optimale Bedingungen zu schaffen.
Laichbereite Weibchen erkennt man an ihren aufgetriebenen Bäuchen, die den Männchen präsentiert werden. Letztere fordern unentwegt weibliche Aquariuminsassen zur Eiablage auf. Damit sich die teilweise aggressiven Annäherungen auf mehrere Weibchen verteilen können, empfiehlt es sich stets mehr als zwei Weibchen pro männlichem Revierinhaber im Aquarium zu pflegen. Die Männchen des Dreistachligen Stichlings balzen die Weibchen mit einem vielfach beschriebenen Zickzacktanz an und führen diese zum Eingang des Nestes. Das Männchen stimuliert die Eiablage beim im Nest befindlichen Weibchen, indem es dessen Flanken mit der Schnauze berührt (Schnauzentriller). Pro Saison legt ein Weibchen bis zu 800 Eier mit einem Durchmesser von 1,2 bis 1,8 mm. Die Männchen bewachen und befächeln die Eier mehrerer Weibchen. Die Larven schlüpfen nach etwa einer Woche und zehren danach etwa vier Tage von ihrem Dottervorrat. Nach dem Freischwimmen ist die Überführung in ein Aquarium für die separate Aufzucht sinnvoll. Die Jungfische des Dreistachligen Stichlings lassen sich zunächst mit frisch geschlüpften Nauplien des Salzkrebschens, *Artemia salina*, aufziehen. Dreistachlige Stichlinge wachsen relativ schnell und werden bereits nach einem Jahr geschlechtsreif.

Männlicher Zwergstichling im Laichkleid und einem im dichten Pflanzendickicht gebauten Nest.

Zwergstichling

Der Zwergstichling, *Pungitius pungitius*, wird in der Literatur auch unter dem Namen Neunstachliger Stichling beschrieben. Diese Bezeichnung ist allerdings nicht ganz passend, da die Anzahl der namengebenden, einzeln stehenden und nicht über eine Flossenhaut miteinander verbundenen Stachelstrahlen der vorderen Rückenflosse zwischen acht und elf schwanken kann. Die Stachelstrahlen stehen auf der Rückenlinie seitwärts versetzt, damit sie sich beim Niederlegen nicht behindert und dienen zur Verteidigung gegen Freßfeinde. Der Zwergstichling wird maximal sieben Zentimeter lang und eignet sich deshalb besonders für die Pflege in Zimmeraquarien. Er besiedelt ausschließlich das Süßwasser, auch Kleingewässer wie Tümpel und Wiesengräben. Er bevorzugt seichte und mit dichten Pflanzenbeständen bewachsene Ufer. Die Trokkenlegung und der Ausbau der ursprünglich besiedelten Gewässer verursachte vielerorts einen Rückgang der Bestände und begründete seine Aufnahme in die definierten Gefährdungskategorien von regionalen und überregionalen Roten Listen. Andererseits besiedelt der Zwergstichling auch vom Menschen geschaffene Kleingewässer wie Gräben zur Drainage von Feldern oder von Rieselfeldern, in denen geklärtes Abwasser versickert. Die Zwergstichling ähnelt dem Dreistachligen Stichling bezüglich seiner Anpassungsfähigkeit im Hinblick auf die Wassergüte und bei der Ernährung. Er gerät bei Zimmertemperaturen in Laichstimmung und kann in kleinen Aquarien erfolgreich vermehrt werden.

Pflege und Zucht

Die Pflege und Zucht von Zwergstichlingen erfolgt zweckmäßigerweise in Aquarien, in denen zwei bis drei Weibchen pro Männchen gepflegt werden. Letztere grenzen Reviere ab, die aggressiv gegen Rivalen verteidigt werden, und balzen mehrere Weibchen an. Obwohl der Zwergstichling ein mindestens ebenso interessantes Fortpflanzungsverhalten wie attraktives Laichkleid zeigt, wie der Dreistachlige Stichling, ist er weniger bekannt. Männliche Zwergstichlinge färben sich in der Laichzeit tief schwarz. Die

Ein laichbereites Zwergstichlingsweibchen, das dem balzenden Männchen mit dem Kopf nach oben gerichtet, seinen mit Eiern gefüllten Bauch präsentiert.

Zwergstichling, Pungitius pungitius (LINNAEUS, 1758), im Ruhekleid. Als Aquarienbepflanzung wächst im Hintergrund der heimische Wasserstern, *Callitriche sp.*

Oben links:
Ein laichwilliges Weibchen folgte dem Männchen am Boden robbend zum Nest...

Oben rechts:
...wo es von diesem zum Eingang geführt wird.

Unten links:
Befindet sich das Weibchen im Nest, so stimuliert das Männchen die Eiablage, indem es die Aftergegend des Weibchens mit der Schnauze berührt (Schnauzentriller).

Nach der Eiablage zwängt sich das Männchen ins Nest und befruchtet die Eier.

Weibchen sind zur Tarnung vor Freßfeinden eher unauffällig gefärbt und in Anpassung an die besiedelten Gewässer braun marmoriert. Die erfolgreiche Nachzucht von Zwergstichlingen gelingt am einfachsten in dicht mit feinblättrigen Unterwasserpflanzen besetzten Aquarien. Im Gegensatz zum Dreistachligen Stichling bauen die Männchen des Zwergstichlings ihr Nest bevorzugt in dicht stehenden Wasserpflanzen. Dabei verkleben sie in der Umgebung gesammelte Pflanzenteile mit Hilfe eines Nierensekrets in Form eines höhlenartig angelegten Nests, das zwei Eingänge hat. Werden mehrere Männchen in einem entsprechend großen Aquarium miteinander vergesellschaftet, so kann man beobachten, wie sie sich gegenseitig Nistmaterial stehlen und um die Reviere kämpfen. Die Weibchen zeigen den Männchen ihre Laichbereitschaft, indem sie ihren prall mit Eiern gefüllten Bauch, mit dem Kopf nach oben gerichtet, präsentieren. Die Männchen balzen daraufhin die Weibchen mit aufgeregt wirkenden Schwimmbewegungen an und führen diese zum Eingang des Nests. Bemerkenswert ist, daß laichbereite Weibchen den Männchen nicht schwimmend folgen, sondern mit den Brustflossen über den Grund kriechend. Das Männchen deutet durch gerichtete Schwimmbewegungen auf den Eingang des Nestes, der oft nicht groß genug ist, um dem Weibchen mit ihrem prallen Bauch das Hineinschwimmen zu ermöglichen. In diesen Fällen wird das Balzspiel abgebrochen und das Männchen muß das Nest nachbessern. Gelingt es dem Weibchen, sich in das Nest zu zwängen, so wird die Eiablage mit dem sogenannten Schnauzentriller durch das Männchen stimuliert. Dabei berührt es mehrfach die Flanken des Weibchens mit der Schnauze. Nach der Eiablage zieht sich das Weibchen zurück und das Männchen schwimmt in das Nest, um den Laich zu befruchten. Der Laich eines Weibchens umfaßt pro Saison etwa hundert Eier. Die Männchen betreiben Brutpflege, indem sie die Eier mehrerer Weibchen bewachen und mit Flossenbewegungen befächeln. Die Larven schlüpfen nach etwa einer Woche und sind in ein separates Aquarium zu überführen, wo sie gezielt zunächst mit frisch geschlüpften *Artemia*-Nauplien aufgezogen werden können. Zwergstichlinge entwickeln sich

Die Marmorgrundel, Proterorhinus marmoratus (PALLAS, 1811), lebt in den Flüssen im Einzugsgebiet des Schwarzen Meeres.

leicht zu Laich- und Bruträubern, wenn zu viele Individuen in einem Aquarium gehalten werden. Zwergstichlinge können bereits im ersten Lebensjahr geschlechtsreif werden. Heranwachsende Individuen lassen sich leicht an Trocken- und Frostfutter gewöhnen. Das Anbieten von Lebendfutter ist nicht nur ratsam, um die Vitalität und Fruchtbarkeit der Pfleglinge zu erhöhen, es ist darüberhinaus sehr interessant, ihr natürliches Verhalten bei der Nahrungssuche zu beobachten.

Männchen der Flußgrundel, Neogobius fluviatilis (PALLAS, 1811), das die an der Decke eine kleinen Höhle klebenden Eier bewacht.

Grundeln

Die Familie der Grundeln, Gobiidae, umfaßt weltweit knapp 2000 Arten, die überwiegend die Meeresküsten besiedeln. In europäischen Binnengewässern leben auch verschiedene Arten, welche ausschließlich im Süßwasser vorkommen. Diese sind in Flüssen und Seen der Alpen sowie im Einzugsgebiet der Donau nachgewiesen worden. Zu diesen, teilweise schwer unterscheidbaren Fischarten gehört die Marmorgrundel, *Proterorhinus marmoratus*, die Fluß-Grundel, *Neogobius fluviatilis*, und die Gardaseegrundel, *Padagobius bonelli*. Grundeln sind relativ klein bleibende Fische mit bodenorientierter Lebensweise. Sie haben meist

einen keulenförmigen Körper mit großem Kopf, zwei Rückenflossen und Bauchflossen, die miteinander verwachsen sind und häufig ein Organ zum Ansaugen an den Untergrund bilden. Sie haben hoch am Kopf sitzende Augen, ernähren sich räuberisch und kriechen mit den kräftigen Bauch über den Grund. Heimische Süß- und Brackwassergrundeln sind nicht einfach zu beschaffen, eignen sich jedoch hervorragend für die Pflege und Zucht in Zimmeraquarien.

Pflege und Zucht

Süßwassergrundeln sollten in einem Artaquarium gepflegt werden, das mit großen Steinen und Moorkienwurzeln und mit Wasserpflanzen dekoriert werden kann. Sie benötigen eine starke Filterung und Belüftung des Aquarienwassers, da sie empfindlich auf sich verschlechternde Wasserwerte und Sauerstoffmangel reagieren. Die Männchen grenzen Reviere ab, die sie aggressiv, mit aufgestellten Flossen verteidigen. Die Weibchen legen im Verhältnis zu ihrer Länge relativ große Eier, die meist auf der Unterseite von Steinen oder der Decke von Höhlen abgelegt und vom Männchen bewacht werden. Die geschlüpften Larven können in einem separaten Aquarium aufgezogen und dort gezielt mit frisch geschlüpften *Artemia*-Nauplien und Staubfutter gefüttert werden. Grundeln wachsen bei ausgewogener Ernährung relativ rasch und werden nach ein bis zwei Jahren geschlechtsreif.

Groppe, *Cottus gobio* (LINNAEUS, 1758).

Groppen haben einen abgeflachten Körper und ein großes Maul.

Groppe

Die Groppe, *Cottus gobio*, gehört zur Familie der Panzerwangen. Sie besiedelt klare, sauerstoffreiche Seen, das Brackwasser der Ostsee und die Forellenregion heimischer Fließgewässer, wo sie einen typischen Begleitfisch repräsentiert. Die Bestände der nah verwandten Ostgroppe oder Buntflossengroppe, die ursprünglich ebenfalls in heimischen Gewässern vorkam, sind in Deutschland erloschen. Die Groppe bevorzugt harten Grund und lebt bodenorientiert sowie überwiegend dämmerungs- und nachtaktiv. Groppen haben einen keulenförmigen, schuppenlosen Körper, zwei Rückenflossen und ein weites Maul. Die Schwimmblase ist bei ihnen reduziert. Sie werden nur selten über 15 cm lang. Die Beschaffung von Groppen ist problematisch, da sie zu den geschützten Fischarten gehört.

Pflege und Zucht

Groppen sind nur bedingt als Aquarienfische geeignet, da sie relativ hohe Ansprüche an die Wassergüte stellen und empfindlich auf Sauerstoffmangel sowie auf Wassertemperaturen über 18 °C reagieren. Sie müssen in einem vergleichsweise großen Artaquarium gepflegt werden, das mit grobem Kies, Kieselsteinen eingerichtet und mit Wasserpflanzen für Kaltwasseraquarien dekoriert werden kann. Groppen bevorzugen Lebendfutter und gewöhnen sich kaum an Trocken- oder Frostfutter. Ihre Nachzucht ist im Aquarium möglich, bleibt jedoch erfahrenen Aquarianern vorbehalten. Die Männchen färben sich in der von Februar bis Mai liegenden Laichzeit dunkler und grenzen Reviere ab. Sie zeigen ein interessantes Balzverhalten. Die Weibchen legen die Eier in Form eines Klumpens in der Nähe größerer Steine ab, wo sie vom männlichen Revierinhaber bewacht und verteidigt werden. Die Larven schlüpfen nach drei bis fünf Wochen aus den Eiern und zehren etwa zehn Tage von ihrem Dottervorrat. Danach können sie in ein separates Aufzuchtaquarium überführt und mit frisch geschlüpften *Artemia*-Nauplien oder gesiebten, kleinen Wasserflöhen gefüttert werden. Um den Eintritt der Laichreife zur fördern, sind für die Nachzucht Elterntiere zu verwenden, die bei niedrigen Wassertemperaturen überwintert haben und mit lebenden Mückenlarven, Tubifexwürmern und Bachflohkrebsen gefüttert werden. Groppen werden im Alter von zwei bis drei Jahren geschlechtsreif und wachsen im Aquarium relativ langsam. Die Entnahme von Groppen aus heimischen Gewässern ist verboten. Im Hinblick auf den Artenschutz und die relativ aufwendige Pflege von Groppen, verzichten verantwortungsbewußte Aquarianer auf die Pflege dieser Kleinfischart und engagieren sich im Sinne eines umfassenden Gewässerschutzes.

Groppe.
Foto: M.-P. & C. Piednoir